AF365845

HAY ESPERANZA

II certamen de microrrelatos

"Hay esperanza para Vencer el Cáncer"

Fundación Vencer el Cáncer

HAY ESPERANZA

II certamen de microrrelatos

Fundación Vencer el Cáncer

Esta primera edición de "Hay esperanza, II certamen de microrrelatos" se acabó de imprimir el 1 de junio de 2016, coincidiendo con la septuagésima quinta Feria del Libro de Madrid

© Fundación Vencer el Cáncer, 2016
Calle Padilla, 82 – 28006 Madrid
Correo electrónico info@vencerelcancer.org
Página web www.vencerelcancer.org

Cubierta: Esteban Varadé
Diseño de la edición: Esteban Varadé
Certamen al cuidado de Toñi Ricoy
Revisión de textos por Margarita Arroyo

ISBN Papel: 978-84-686-8546-5
ISBN eBook: 978-84-686-8547-2
Impreso en España / *Printed in Spain*
Editado por Fundación Vencer el Cáncer

Si estás leyendo este libro es porque quieres apoyar la investigación para vencer el cáncer.
Si no has hecho tu donativo, puedes hacerlo en
www.vencerelcancer.org

A todos aquellos que nunca pierden la esperanza
y a todos los que los apoyan.

En todo es mejor la esperanza que la desesperación.

Goethe.

Índice

EL CERTAMEN

Las frías cifras dicen que uno de cada tres españoles padecerá algún tipo de cáncer a lo largo de su vida, que para desarrollar un nuevo fármaco se necesitan 15 años de trabajo en un laboratorio y una inversión de muchos millones de euros, que cuando hablamos de cáncer lo hacemos de más de 200 enfermedades diferentes. Los datos nos muestran índices de supervivencia, tasas de curación, tipos de tumores todavía inatacables… pero detrás de todo esto están las personas, los científicos que trabajan en su laboratorio, el personal médico que atiende en los hospitales y consultas y los pacientes y sus familiares… todos ellos con **ESPERANZA.**

Esperanza para desarrollar un nuevo fármaco, para que sus cuidados sean efectivos, para afrontar el tratamiento, para entender y apoyar a su ser querido… Esperanza ante cada nuevo día. Porque, siempre, **Hay Esperanza para Vencer el Cáncer.**

Pensando en todas esas personas, en sus sentimientos, sus deseos, sus aspiraciones, creamos un certamen de microrrelatos centrado en lo más positivo que tiene el ser humano: la esperanza.

En las dos ediciones celebradas hasta ahora nos hemos visto desbordados por tantas palabras, versos y párrafos que muestran todas las formas, perspectivas, colores y sabores de la esperanza. Algunos están dedicados a seres que ya no nos acompañan, en otros hablan los pacientes; tenemos testimonios de jóvenes y mayores, de mujeres y hombres, de soñadores, luchadores, escritores… con la mirada siempre puesta en la superación.

Por eso hemos querido reunir en esta obra no solo a los ganadores del II Certamen de Microrrelatos, sino a una amplia selección de textos de participantes. Junto a ellos, incluimos los relatos de escritores invitados que también han querido colaborar en este esperanzador libro: Alipio Gutiérrez, Antonio Ruiz Pascual, Juan González, Juana Cortés, Maribel Alonso y Ramón Sánchez-Ocaña. A todos ellos les damos las gracias por su generosidad.

Mención especial merecen también Gervasio Posadas y Pita Sopena que, por segunda vez, se han sumado a esta aventura: apoyándonos y asumiendo el que siempre es un reto: ser jurado y decidir. Gracias por su fidelidad a este proyecto y a nuestro objetivo.

Con la participación de todos, de los autores, de los invitados y de los lectores, seguimos alimentando la esperanza, apoyando a los científicos para que continúen con su labor y logremos Vencer el Cáncer.

Esteban Varadé
Director ejecutivo de la Fundación Vencer el Cáncer

Si estás leyendo este libro es porque quieres apoyar la investigación para vencer el cáncer.

Si no has hecho tu donativo, puedes hacerlo en www.vencerelcancer.org

PRÓLOGO

Alipio Gutiérrez es director de Informativos de Telemadrid. Periodista especializado en salud, presidente de ANIS (Asociación Nacional de Informadores de Salud) y formador de portavoces. Sus inicios profesionales se sitúan en la radio pero ha desarrollado gran parte de su carrera periodística en televisión: TVE, TVC, TVCLM, CNN+ y Canal Enfermero y Telemadrid, en la que ha trabajado durante varias décadas dirigiendo y presentando programas e informativos. Desde febrero de 2016 es el director de informativos de esta cadena.

Cáncer: dianas mínimas, avances máximos

Hay esperanza. El cáncer se puede vencer y cada año que pasa venimos siendo testigos de un mayor número de noticias positivas en relación a este asunto. Nos esperan unos años apasionantes en todo lo relativo al cáncer. Repasando algunas de las últimas publicaciones científicas, por ejemplo, se observan síntomas claros de lo que digo. En el campo de la inmunoterapia estamos empezando a amanecer ahora, a pesar de llevar más de cien años de desarrollo, y ahí va a haber sorpresas muy importantes en los próximos años. Se habla de tratamientos revolucionarios y de hecho, en el momento actual, no estamos utilizando más allá del 1% del conocimiento que ya tenemos sobre cómo interactúan las células defensoras del organismo contra las células tumorales.

La mayoría de los problemas que, a día de hoy, tenemos con la quimioterapia o la inmunoterapia es que no son específicas para la célula tumoral. No llegan en exclusiva sino que dañan también células normales. La mejora en las técnicas de determinación genética de los distintos tipos de cáncer, que hace unos años precisaban meses y que ahora se hacen en cuestión de pocas horas, está siendo clave para diseñar tratamientos personalizados para cada paciente. Es posible, por tanto, secuenciar un genoma entero del tumor e identificar sus alteraciones genéticas que nos dicen qué tratamiento específico debe tener cada tumor y ser así más eficaces. Lo ideal, de cara al futuro, es encontrar lo que los especialistas llaman biomarcadores para cada tipo de cáncer. Eso ahora se hace con la biopsia de tejidos, que no deja de ser una pequeña intervención quirúrgica, pero en el futuro se va a hacer en sangre, mediante la biopsia líquida y eso va a suponer un beneficio mayor aún para los pacientes.

Por si esto fuera poco, aún hay más novedades que nos permiten ser más optimistas en el diagnóstico, tratamiento y pronóstico del cáncer. Con los avances de la nanotecnología aplicada a este campo, se van a desarrollar herramientas para diagnosticar, prevenir y tratar los cánceres cuando están todavía en estados poco avanzados o en el inicio de su desarrollo.

Uno de los grandes retos en este proceso reside en el desarrollo de "nanoterapias", que se puedan dirigir de forma selectiva a los tejidos y órganos enfermos, eliminando así los efectos secundarios, inevitables con los tratamientos actuales. Con la nanotecnología se podría llegar directamente a la célula tumoral sin afectar al resto y además cambiar el comportamiento de la célula tumoral, porque ésta es una célula normal desviada en su desarrollo, con una serie de alteraciones, mutaciones genómicas que podrían ser reversibles.

La posibilidad de trabajar con materiales de reducidas dimensiones, a nivel atómico, molecular, -ya que nanómetro significa la milmillonésima parte de un metro- supone aprovechar el cambio radical que sufren las propiedades físicas y químicas de la materia cuando se trabaja a escala nanométrica. Es decir, que esas células malignas podrían convertirse en células normales si realmente atacamos a los puntos correctos. No necesariamente deben ser destruidas sino que pueden ser "educadas" y para eso la nanomedicina es una buena oportunidad que nos va a reportar muchos avances que tarde o temprano se van a ver en la fase clínica.

En definitiva, señalar, marcar dianas mínimas para acertar en ellas con nuevas terapias y conseguir avances máximos en la remisión de esta enfermedad. Ese es el objetivo más halagüeño que nos presentan los científicos para el medio plazo y es lo que hace cambiar el paradigma de esta enfermedad y que podamos verla con mayor esperanza. Cada día son más los supervivientes al cáncer que nos confirman esta nueva realidad que sólo hace unos años parecía un milagro.

GANADORES

Alicia Marín López (1er Premio)

Nacida en Alicante en 1993. Graduada en Periodismo por la Universidad Miguel Hernández y postgraduada en Comunicación y Género por la Universidad Autónoma de Barcelona. He participado en diversos concursos de escritura y ganado algunos como el primer premio del XIV Certamen de Relatos de la provincia de Alicante. Me gusta el arte, la literatura, la fotografía y el cine. Estoy interesada en los problemas sociales, en el feminismo y el animalismo. He realizado diversos voluntariados con animales y también con niños en riesgo de exclusión social. He participado en diversos programas en la radio universitaria, pero estoy principalmente interesada en la escritura.

Volar

Elefantes voladores. Los paquidermos capaces de ignorar la ley básica de la gravedad. A ellos me remitía cuando alguien me preguntaba cómo conseguía mantener la esperanza. Me solía sorprender el uso de aquellos dos verbos. Conseguir, como si se tratase de un reto, de un único reto, y mantener, como si de algo suspendido en el tiempo y el espacio se tratase. ¿Cómo se conseguía mantener la vida en sí? Simplemente la vida continúa, sin más, hasta que un día se va. No es gracias a nosotros conseguirla, pero sí nuestra responsabilidad mantenerla el máximo tiempo posible. Yo me lo tomaba como tener fe. Pero no divina, no. Fe en ti, en mí, en algo que siento, que toco, que veo. Si tenía que creer en algo, que fuera en eso. Con los elefantes ocurre algo similar, aunque muchas personas no lo llegan a comprender del todo. ¿Para qué iban a mantener durante siglos orejas que parecían hojas de una higuera? ¿Por qué la naturaleza querría que en vez de nariz tuviesen una larga trompa? Era sencillo: algún día pensaban volar. Agarrarse a un globo con su trompa y después planear con las orejas, hasta sentir el aire golpeando en su barriga. Tal vez soy un elefante, con la esperanza de algún día echar a volar…

Cristina María Fernández Gómez (2º Premio)

Nací en Madrid hace 40 años. Estoy casada y tengo dos hijos estupendos, un niño de 11 años y una niña de 9. Soy licenciada en Derecho y en Ciencias Empresariales y ejerzo como abogada de empresa. Vivo en un bonito y tranquilo pueblo de la sierra de Madrid. Mis hobbies son leer, escribir, el cine y pasear.

Coquinas

1- Nunca me había fijado en lo azul que es el cielo. Increíble. 43 años sin darme cuenta. ¿El azul del mar es tan intenso? Cómo me gustaría verlo. Le pregunto a María.
-María, ¿cuál es más bonito, el azul del cielo o el del mar?
-Mamá, el mar es verde, no azul- me contesta.
-Entonces, es como tus ojos- le digo.
-Mamá, no seas cursi.
Se levanta del sillón, se tumba en mi cama y me abraza.
-Mamá, cuando salgas del hospital, podemos ir a Alicante a ver el mar.
Noto que su voz tiembla un poco.
-Y si es azul, ¿a qué me invitas?- le digo.
Espero que no haya notado que mi voz también tiembla. Un poco más que la suya.
-A unas coquinas en ese sitio que nos gusta tanto.

2- Ahora no veo el cielo. Sólo el techo. Cierro los ojos intentando ver el mar. Pero sólo veo los ojos verdes de María que me miran casi tan asustados como los de su padre. No quiero dormirme con esa última visión. Pienso en el cielo. Y en el mar. Y en las coquinas de Alicante.

3- Cuando consigo abrir los ojos, además de un gran dolor en el pecho, percibo un olor intenso.
-Mamá, aquí tienes las coquinas. En 5 días sales de aquí y las comemos en la orilla del mar pero ahora imagínate que estamos allí.
-No llores, mamá.
-No lloro, cariño, es que se me ha metido sal en los ojos.

Sandy García (3er premio)

Empresaria, fotógrafa y escritora.

Desarrolla gran parte de su vida entre las ciudades de Nueva York y Madrid.

Ha ostentado cargos directivos de especial relevancia en corporaciones internacionales. Máster en Dirección de empresas y Recursos Humanos, con más de 450 artículos publicados bajo el nombre *"Comentario del Mercado Financiero"* en la agencia Reuters. Inicia su andar literario en el año 2003.

Libros publicados: *Huellas*, 2003, *Sombras*, 2005, *Vida*, 2010, *Mis manos bailan mis pies*, 2014, Premio escriDuende, y *La luz del silencio*, 2015.

Antologada: *La Voz y la Escritura*, 2006, *Poesía Solidaria*, 2012, *IndignHADAS,2012* y *Los Poetas de la Senda*, 2014, entre otros.

Participación en la antología *Amour fou*, 2016.

Bailando con los príncipes

La dama de noche respiraba el azahar de los naranjos y los jazmines revoloteaban su fragancia en las fuentes de palacio. Las rosas espigadas se alzaban esbeltas a la espera de la aurora. El fantasma llamaba a la puerta. Insistía. El sonido retumbaba como un eco hacia dentro de las verjas. Ella sin miedo fue en su búsqueda. Bailaron a la luz de las lunas. Sin hablar se conocieron. Al amanecer se descubrieron en lo translúcido de sus ojos. Pronunciaron las palabras malditas, sus nombres, "muerte...vida". Ella lo maldijo para no verlo jamás. El cáncer se fue por la puerta de atrás y por la ventana recién abierta entró la esperanza.

INVITADOS

Antonio Ruiz Pascual

Poeta, presidente del colectivo de artistas Arte Total, coordinador y responsable por Madrid de la Organización Internacional Poetas de la Tierra y Amigos de la Poesía (POETAP), vocal de cultura de la Federación Estatal de Asociaciones de Inmigrantes y Refugiados en España (FERINE), colaborador del Programa Radial Voces de Latinoamérica en su sección "El rincón de la poesía", organizador del V Congreso Internacional de Metapoesía,

Participé en este proyecto porque mi mujer es una afectada del cáncer de mama Her2 y reflejé mis sentimientos hacia ella en esta lucha.

Quedan mañanas azules

Amor abrázame,
ahora que el miedo es una sombra,
ahora que salimos del hospital
después de la Quimio,
atrapando las tormentas
más allá de las entrañas,
donde el silencio ya tiene mañanas azules,
y las plegarias son un arpegio en tu boca,
eres melodía,
un destello de suspiros traído por las brisas,
ya no pensamos en el cromosoma, en el cáncer,
nos comemos las heridas,
somos tierra fértil,
aguardamos el retorno de esa piel nueva
donde se funde todo,
donde no hay sonrisas fatigadas, solo risas,
haciendo más fuerte nuestro paso,
conquistando el aire, perforando el sol,
colgando los trofeos lejos del vértigo
que cae y no regresa,
porque tú eres una guerrera invencible
y yo tu fiel escudero,
hundiendo las raíces sobre lunas en calma,
cautivos de deseos y de historias
detrás de cada sueño,
donde nos llaman los poetas
en su destino que galopa en medio de la nada,
para conquistarlo todo con el amor y la palabra.

Juan González de la Cruz

Escritor, guitarrista, presidente de la Peña flamenca El Quejío de Toledo.

Nació en Pulgar, pueblecito de la provincia de Toledo, el 12 de marzo de 1945, en el seno de una familia humilde. Aprendió a leer antes de ir al colegio, donde que se presentó el primer día de clase —el mismo en el que cumplía 6 años— con un libro que casi no podía sostener y lo primero que hizo fue, precisamente, leer. Empezó así una de sus pasiones: la literatura, que compaginaría con la música y la guitarra. "La guitarra para mí es algo que forma parte de mi vida, sin ella es probable que mis últimos treinta años hubiesen sido diferentes", asegura.

Ha escrito este soneto para la Fundación Vencer el Cáncer y para todos los pacientes y familiares de pacientes con cáncer. "Me gustaría que esto lo pudiese leer durante mucho tiempo todo aquél que haya padecido, padece o padeceremos de ese mal. No lo hago sólo por los demás, también por mí, porque también he conocido el cáncer, si no en primera persona, entre los que me rodean, y quiero transmitir este mensaje de esperanza. La persona más cercana a mí que ha padecido cáncer puede leerlo y yo quisiera que todo el mundo pudiera leerlo, que le ganara la partida".

Lucha contra el cáncer

No me resisto a ganarte una partida
quiero ganarte el trofeo de una vez,
quiero poner en ello todo mi ser,
quiero brindar, de una vez, por tu caída,

y decir, en alta voz, "misión cumplida",
porque te marchas para, jamás, volver,
y, ante todo, que tienes que saber
que eres un ser extraño en esta vida.

Márchate ya, no te empeñes en quedarte,
en este cuerpo perdiste la partida,
no te queda nada que puedas jugarte

llévate, si a bien lo tienes, en la huida
toda tu maldad hacia ninguna parte,
porque a ti, cáncer, te ha vencido mi vida.

Juana Cortés Amunárriz

Escritora nacida en Hondarribia, Guipúzcoa (1966), es licenciada en Filosofía por la Universidad del País Vasco. Reside en Madrid, donde inicia su trayectoria literaria en el año 2004.

Ha obtenido diversos premios de relato entre los que destacan el Segundo Premio Hucha de Oro, el Gaceta de Salamanca, o el Luis Mateo Díez. En 2009 publicó su primera novela, *Memorias de un ahogado*, en la colección Almirante de la editorial El tercer nombre. Le siguió en 2010 el libro de relatos *Queridos niños*, Premio Ciudad de Alcalá. En 2012 Everest publica su novela juvenil *Corazón, mano, corazón*, premio Avelino Hernández.

Ha participado en varias antologías de relato, como *Las chicas con las chicas,* de editorial Egales, *El viaje, Premios del Tren 2008*, publicado por la FFE, *Relatos en cadena 2008* y *2009*, publicados por Alfaguara y *LAS BATALLAS SILENCIOSAS* (Tenerife, 2012). Colabora habitualmente en la revista virtual *Agitadoras*.

Memorias de un ahogado

- ¿No sé te ocurre nada más que decir? Pregúntame cómo estoy.

- ¿Cómo estás, Julia?

- Estos días han sido horribles, pero ya han pasado.

No quería preguntarle por el dolor. Tampoco se me ocurrían cosas que contarle. Todo lo que me pasaba por la cabeza me parecía superficial o frívolo. Así que cogí sus manos y las sostuve. Estaban frías. Las guardé entre las mías para darles calor.

Había sido muy difícil llegar a sujetar las manos de otra persona, pero a la vez hacerlo era muy sencillo. Mediante el tacto de su piel y la caricia precisa le decía que, si se sentía sola, yo iba a hacerle compañía. Que aunque el dolor me aterraba, estaría a su lado. Y sabía que ella me entendía y me contestaba.

- Quiero que veas esto —me dijo y se quitó el pañuelo.

En un primer momento la imagen me resultó violenta, pero pronto empecé a percibir una extraña belleza. Su cabeza desnuda. La frente interminable. Las orejas pequeñas. Los ojos brillantes. Parecía la superviviente de un campo de concentración.

-Te queda bien el pelo corto —le dije.

-¡Pero si no tengo pelo! –exclamó Julia.

Y nos reímos, y nuestra risa sirvió para aliviar tensiones. Porque hasta en el vértice más afilado hay un rincón para la dulzura...

Maribel Alonso

Maribel Alonso, nacida en Extremadura de raíces asturianas, ha realizado estudios de psicopedagogía y educación especial, sector en el que trabaja.

Sencilla e intimista percibe la dureza y la injusticia y se recuerda desde siempre escribiendo historias de vida, poesía y cuentos para niños y adultos.

Ha sido miembro del tribunal internacional contra el trabajo infantil en México (1996) y ha participado en numerosos recitales tanto en España como fuera de ella.

Editada en cuatro antologías compartidas con poemas de sus cinco poemarios inéditos.

De lava y ceniza

El monstruo se dibuja sigiloso
Y serigrafía en mi interior
El mapa que resuelve su existencia
El monstruo, indeciso no se detiene
A beber leche tibia
Roja, blanca, ni azul
No quiere nada desde dentro
Quiere succionar otro brebaje
Malévolo y fatal
Esculpiendo a bisturí
Sobre metacrilato helado
El último suspiro (silencio)
Reciclando la visión el monstruo
Se recicla y se amamanta
Es bello, de colores imposibles
Pero ciertos, brillantes
Agudos y firmes se recrean
Ama, más no quiere darse a conocer
Fatalmente explora el interior
Insinuando lo mínimo de sí
¿Cómo ha sido el dolor sin ternura de su abrazo?
¿Cómo maltratada la piel de cada víscera?
El monstruo se reclina en mi regazo y… Llora.
El monstruo pide hasta la última cuenta de mi vida.
El monstruo está ya en otra galaxia
El monstruo acaba de salvarme.

Ramón Sánchez-Ocaña

Periodista especializado en salud, ha trabajado en prensa, radio y televisión.

Es especialmente conocido por su labor en espacios y programas de divulgación y salud. Dirigió y presentó durante años el histórico "Más vale prevenir" en TVE. También ha colaborado en informativos y espacios como "Las mañanas de Telecinco" o "Mira la vida", de Canal Sur. Además de colaborar en revistas y programas de radio, ha escrito varios libros divulgativos sobre temas de salud, como *El libro de la cirugía estética*, *Los hijos del frío*, *Diario de una dieta*, *Ante el SIDA*, *La nutrición a su alcance* y *Guía de la alimentación*.

No oímos la palabra "cáncer"

La Sociedad Española de Oncología Médica constató la deficiente comunicación que se establecía entre sus médicos y los pacientes. Según sus datos cerca del 75 por 100 de los pacientes no recordaba la información sobre su diagnóstico a las tres semanas de la primera consulta. El 40 por 100 no entiende en esa primera consulta que padece un cáncer.

Esos datos me causaron una profunda sorpresa. Porque como casi todo el mundo he vivido rodeado de cáncer. Mi padre, mi madre, mi suegra... No todos han sido iguales y algunos han sufrido más tiempo, o han sido víctimas, como dicen las necrológicas de "una larga enfermedad". ¿Cómo no se va a oír la palabra "cáncer"?.

Poco después, a la altura de la clavícula derecha me surgió una especie de verruga a la que no hice el más mínimo caso. Más tarde enrojeció y se tornó purulenta. La dermatóloga me miro con atención y habló de un pequeño carcinoma espinocelular.

Había que intervenir. Hizo un ojal en la piel y extrajo aquella pequeña masa. Como es preceptivo la envió al departamento de anatomía patológica. Una semana después me llamó a casa. El borde extirpado estaba demasiado cerca de las células malignas, así que para mayor seguridad había que ampliar el recorte. Nueva intervención, rápida y sin consecuencias…

Apenas un par de meses después, haciéndome la historia clínica por otra cuestión totalmente ajena, el médico me preguntó:

-¿Algún tipo de cáncer?

-No- dije rotundo y convencido.

-Pues aquí dice que ha sido intervenido de un espinocelular...

Ahora era yo el que no había oído la palabra "cáncer"...

SELECCIÓN DE PARTICIPANTES

Alberto Tejero Caballo

Llevo escribiendo desde los 13 años, desde que leí *James y el melocotón gigante*. Desde entonces, no he podido dejar de imaginar historias y de intentar escribirlas lo mejor que puedo. La fantasía es mi género preferido, aunque a veces escribo realista o mezclo ambos géneros.

El hombre llevaba tiempo asomándose a la ventana de su habitación, viendo el mundo bajo sus ojos. Lo hacía desde que le llevaron allí, cuando el fuego negro de su interior empezó a consumirle lentamente. No tenía pensando moverse de su cama blanca hasta que su compañero le dio aquel consejo: mira lo que no debes perder y aférrate a ello.

No le dio importancia.

A los pocos días se le llevaron, muerto; el hombre temía irse tan rápido como él, y supo que debía hacerle caso. Todos los días se asomaba un rato para ver la ciudad en la lluvia torrencial, en la tarde naranja, en la noche solitaria llena de farolas brillantes. Siempre le llegaba el viento cargado de olores, y cuando eso sucedía, lloraba en silencio, porque algo en su interior se rompía de dolor; porque pensaba que nunca volvería a sentirlos como antes.

Pero al final el tiempo, el viento y los olores fueron quienes terminaron por restaurar los pedazos rotos de su interior, apagando la llama negra que se extendía con ramas oscuras por su alma.

Cuando puso un pie fuera de aquel lugar de sufrimiento e inhaló el aire caliente de la primavera, sonrió, porque sabía que seguiría respirando, libre, feliz, hasta que no pudiera respirar más.

Alfonso García Carmona

Guionista de cine y televisión. Tras su trayectoria y experiencia en el sector audiovisual, ha querido adentrarse más profundamente en la literatura, iniciando su andadura como escritor con su primera novela *¡Alakazam!*, una aventura fantástica para niños a partir de 6 años, donde se integran humor e imaginación y se defienden valores como la familia y la amistad. Colaborador con la red social literaria Boolino, para quienes escribe cuentos infantiles breves, y artículos publicitarios sobre libros, que son publicados en los post del blog de dicha red social.

Víctor contra el Gran Cangrejo

Ellas no estaban. Y no es que hubieran muerto. Habían desaparecido, sin dejar un rastro o pista que clarificara a los gnomos de La Isla el motivo de su marcha.

Víctor se sintió muy triste, y confuso pensó:

-La esperanza a veces es una pastilla efervescente: bulle, salpica ruidosa, mientras se disuelve en el vaso de agua que representa nuestro ánimo, acabando sin fuerza alguna, sin dejar rastro de su presencia.

Era hora de regresar a la Casa-Laboratorio, pues no quería intranquilizar a Galenus y que éste pensara que él también había caído víctima de la "Enfermedad Innombrable".

Mientras, precedida por una extraña niebla gris oscura, La Bestia llegó con la bajamar.

Pero esta vez Víctor estaba decidido a plantarle cara, provisto de una lanza y un escudo ornamentales con los que solía jugar. Se lanzó a la carrera hacia la playa.

-¡Estás loco, al Gran Cangrejo no se le puede vencer! —le gritaban algunos.

-¡Siempre hay una esperanza, sólo tenéis que ver más allá del problema para hallar la solución!

La verdad era que El Gran Cangrejo no era más que un grupo gigantesco de pequeños cangrejillos. Atacó con furia y obtuvo ayuda:

Ellas regresaron, cazando a los cangrejos.

Gaviotas. Esperanzas.

Alicia Victoria Abad Huerta

Soy Alicia y, como la protagonista del libro, vivo en mi propio país de las maravillas: una familia numerosa, amigos del alma, un trabajo gratificante y ocio lleno de letras, palabras que me gusta escribir y páginas de libros que me encanta leer. Disfruto de largos paseos en el entorno increíble de Alcoi, donde vivo, y del sol de Valencia, en la que nací. Cumplir mis sueños es siempre uno de mis retos, por eso mi pequeña contribución a mantener la esperanza de vencer el cáncer.

Año 2040

Todos los años volvíamos a casa de mis abuelos por Navidad. Traspasaba el umbral de su puerta y me sumergía en un mundo de tiernos besos, apretados abrazos y juegos inolvidables. En el amplio salón, donde tanto había correteado siendo niño, ahora con catorce años llamaba poderosamente mi atención un mueble librería repleto de libros. Había ediciones representativas del diccionario académico de la lengua española, rigurosamente ordenadas hasta la fecha actual. En cada uno de ellos había espacios en blanco, como si algunas de sus palabras hubieran desparecido. Mi abuelo me explicó, con un brillo muy especial en la mirada y una amplia sonrisa de satisfacción, que eran palabras ya en desuso, desconocidas para mí, que habían sido escritas con una tinta mágica: consistente como la perseverancia en los grandes retos y pigmentada de la luminosa certidumbre de la esperanza. Con ella la pluma se había deslizado por el papel tachando palabras como cáncer, dolor, desánimo o derrota y al cabo de un tiempo habían volado, como hojas de otoño a merced del viento, al cementerio de las palabras extinguidas.

Amely Duvauchelle

Patricia Duvauchelle, seudónimo Amey Duvauchelle, nació en Chile en 1966. Es Diploma de Honor Pacífico Mare Nostrum 1981 y Feria Mundo Joven 1983, ganadora de la IV Muestra Nacional de Ciencia y Arte Ministerio de Educación Chile 1984.

Amely ha expuesto sus poemas en Galería Lynch y publicado varios libros: *Inspiración I y II* (1996), *Una rosa azul llamada Poesía* (2015) así como diversos poemas y relatos cortos con Editorial Mablaz, además de *Un Jardín Llamado Poesía* (2016) Madrid.

Nuevas alas

Cruzaste barreras heladas
de lágrimas y desconsuelos.
Recorriste mares de heridas,
dolores y quejidos.
Penas, que has llorado en
silencio.
Es tiempo de sonreír
y gritar al mundo
que tienes nuevas alas.
La mariposa ha vencido
y una metamorfosis
experimenta.
Despega con pequeños saltitos,
con colores distintos.
Le ha dicho al cáncer
a la cara,
que éste no es su momento.
Coraje es lo que corre por tus
venas,
potente y revestido
de metas, planes y sueños.
Cantan de madrugada las voces
una oda a la perseverancia
que en ti ha sido fecundada.
Has vuelto a nacer poco a poco
y no ha sido fácil el camino.

Miras al cielo y lo ves más
radiante,
tiene mejor color la vida,
un nuevo sabor y fragancia.
Con tus alas que llevan fuerza.
Eres una bendición del
Universo,
tenacidad y ejemplo.
Atrás van quedando
amargos momentos,
días de convalecencia.
Caen mudos y enredados
en el sendero de piedras,
todos los malos pronósticos
y pensamientos fantasma,
que querían, con sigilo,
vencer a la Esperanza.

Es hora de renacer
con lozanas frases y palabras.
Tu nueva piel celestial,
va desechando los miedos.
Hay camino por recorrer
con sonrisas a los vientos.

Ana Belén Martínez

Nací en Madrid en 1973. Soy licenciada en Periodismo por la Universidad Complutense de Madrid. Tras terminar mis estudios, desde el año 96 hasta 2004, trabajé en diversos medios de comunicación (prensa, radio y televisión). En nómina y también como free-lance. Se trataba de escribir y de ganarse la vida. Como esto último no estaba muy claro probé en el gabinete de prensa de un importante grupo de empresas. Pero se escribía poco.

Desde el año 2005 soy funcionaria en la Comunidad de Madrid. He resuelto lo de ganarme la vida y escribo por mi cuenta.

Saltar de alegría

Cerró aquella puerta con ganas de gritar y saltar de alegría. Pero se reprimió. Si lo hubiera hecho, Marta, Luis y Ana, que esperaban su turno, habrían entendido por qué lo hacía y habrían compartido su alegría aún sin saber que ellos, dentro de pocos meses, también saldrían de esa consulta con ganas de gritar y saltar. Pero se reprimirían. Lo cual haría que Andrés, Olivia, Mateo, Eva, Nico y Manuel, que hubieran compartido y entendido su alegría, no gritaran y saltaran el día en que también cerraran la puerta y salieran de esa consulta.

Fundación Vencer el Cáncer

Ana Larraz Galé

Nací el 30 de Julio de 1964 en Zaragoza; aunque viví toda mi infancia en Tauste. Fui una niña tranquila, que pasó muchas horas leyendo, tocando el piano y en compañía de adultos, sobre todo de mi abuela Carmen, viuda de guerra.

A los 14 años, me marché a estudiar a Zaragoza y cuatro años después, a Valencia, donde me hice Arquitecto Técnico y me quedé a vivir. Allí me casé y nació mi hija.

Siempre me ha gustado escribir e investigar y, aprovechando la baja maternal, comencé a hacerlo sobre la muerte de mi abuelo Ángel, desaparecido en la Guerra Civil; desde entonces no he dejado de hacerlo.

Hacia el verano de 1994, por trabajo me trasladé junto con mi familia a Santa Cruz de Tenerife y cuatro años después a Las Palmas, donde vino al mundo mi hijo y donde seguimos.

A finales del 2013, con toda la documentación recopilada a lo largo de mi vida; las anécdotas que mi abuela me contó y las cartas que del frente mi abuelo le envió, comencé el libro *La Fotografía. Historia de un soldado 1936-1937*, que será publicado en marzo.

Me tocó a mí

- ¡No lo nombres! Si no lo dices será como si no fuera verdad. ¡No quiero oírlo! ¡No me puede estar pasando a mí!

Esa fue mi reacción ante la noticia.

Tenía 40 años y una vida difícil. Recién divorciada, con dos niños pequeños, lejos de mi familia, e iniciando una relación. No era sencilla, no.

Empecé a llorar desconsoladamente hasta que una idea surgió en mi cerebro.

El cáncer no me había venido por ningún pecado que yo hubiera cometido o por ser mejor persona que otros. Simplemente me había tocado. Pero algo podía hacer contra él: cambiar mi actitud. No iba a dejar que la enfermedad alterara mi vida, viviría con ella pero no a sus órdenes.

Hoy hace diez años de aquello y estoy aquí. He pasado por el quirófano tres veces; he tenido decepciones, penas y tristezas, pero también alegrías y triunfos. Llevo cinco años sin visitar un hospital pero sé que en cualquier momento eso puede cambiar.

El mayor mal de esta enfermedad es la pérdida de la esperanza pero si se logra superar, la mitad de la partida está ganada.

Tener cáncer no es una sentencia de muerte, esa la tenemos todos.

La esperanza y la ilusión, son nuestras mejores armas. Contra ellas, el cáncer tiene la batalla perdida.

Andrea Villar

Nacida el 24 de julio de 1992 en Ourense, España. Me he criado en Vigo, pero siempre he sentido mis raíces ourensanas muy fuertes, sintiéndome más en casa cuando iba a pasar días allí. Desde muy pequeña me he sentido fascinada por la creación de historias y por la lectura, siendo convertirme en escritora mi mayor sueño.

La sonrisa de ángel

Hace dos años descubrimos que nuestra hija tenía cáncer. El golpe fue tan duro para nosotros, que creo que nunca podremos reponernos del todo.

Veo a mi pequeña flor jugando en el jardín con su Boston Terrier. Tan feliz, tan tranquila y despreocupada; ignorando todo lo que nosotros sabemos, ignorando lo mal que está y sin comprender por qué va tanto al médico. Ella nos anima, pese a no saber nada, cuando nos sentimos decaídos, cuando todo esto puede con nosotros, se acerca y trata de alegrarnos.

-Mamá, papá… Sea lo que sea que os preocupa, seguro que se soluciona. –dice, y entonces besa nuestras mejillas. –Es lo que siempre me decís cuando lloro.

Su sonrisa le ilumina el rostro. Es una sonrisa tan dulce que es imposible no corresponderla. Mi pequeña y fuerte niña… Me pregunto si mantendrás siempre esa alegría, si seguirías siendo el angelito dulce y alegre que conozco si te lo contase todo.

-Debemos ser fuertes por ella. –susurra mi marido, mientras agarra mi mano.

La niña baila frente a nosotros, buscando nuestra felicidad, buscando eliminar las lágrimas que empañan mis ojos.

-Algún día, nuestro ángel estará bien.

Ángel Alonso Pachón

Nací el 02-12-1942 en Valladolid.

Estudié en el Colegio de Lourdes y en el Colegio de Nuestra Señora del Pilar (Marianistas).

Profesor de Literatura, Latín y Griego en el Colegio Santa María del Pilar de Madrid.

Colaborador esporádico en Editorial Santillana. Colaborador esporádico en Ediciones SM. Asesor de Empresas a niveles de Contabilidad y Fiscalidad. Miembro del "Foro de Madrid Tercer Milenio". Colaborador asiduo en prensa –sección Cartas al Director.

¡Sí… hay esperanza!

"Al amanecer",
Cerremos los ojos, en silencio,
aunque alguna lágrima resbale,
dibujemos rostros, pongamos
nombres,
paseemos la vida, extendamos las
manos,
besemos a solas… porque
¡"NO TODO FUE MENTIRA"!

"Al amanecer",
Cantemos las luchas compartidas,
Las ilusiones hechas vida, los
sueños en las noches oscuras;
Cantemos con multitud de manos
extendidas,
Rociando de caricias el dolor de la
esperanza… porque
¡"NO TODO FUE MENTIRA"!

"Al amanecer",
Rodeemos el viento de canciones y
la tierra de esperanza
Pintemos océanos de vida…
porque
¡"NO TODO FUE MENTIRA"!

"Al amanecer",
Volemos, melenas al viento,
Repartiendo sonrisas blancas con
nombres de enfermeras,
Sonrisas de médicos incansables,
Sonrisas fuertes del color de la
ilusión… porque
¡"NO TODO FUE MENTIRA"!

"Al amanecer",
Despertar de un sueño de batallas
superadas,
Sentirse parte de un ANILLO DE
ESPERANZA,
Es poder gritar, a los cuatro
vientos…
¡"NO TODO FUE MENTIRA"!

La ESPERANZA,
Construida con cimientos de FE,
COLABORACIÓN y
FORTALEZA,
Será ESCUDO PROTECTOR,
porque…
¡"LA ÚNICA MENTIRA sería
NO ESPERAR"!

Bartolomé Carretero Gili

Soy un mallorquín de 50 años dedicado a la restauración y la hostelería y tanto por parte de familiares como amigos he tocado de cerca la enfermedad del cáncer.

He encontrado este Certámen y he querido aportar mi granito de arena con mi relato.

Hay esperanza

Llegaste de sopetón dando un golpe seco, de esos que manda al boxeador a la lona y todo se volvió negro, lleno de silencios cargados de lágrimas, de palabras que oyes de lejos y no significan nada.

Aturdid@, noquead@, en un túnel negro, negro, solitario.

Pero, poco a poco, día a día, te vas levantando, no puedes dejarte vencer de buenas a primeras, hay que levantarse y luchar, hay que echarle ánimo.

La sonrisa de un niño, un abrazo, ese amanecer…Todo te da fuerzas, donde parece que no las hay. Y te pones en manos de la quimio, la radio, la operación…

Y luchas, luchas, con ayuda de médicos, familia, amigos, todos los que están a tu lado. Buscando, encontrando en esos momentos que ya casi te das por vencid@ una luz de ilusión, de esperanza.

Y te levantas de la lona, una vez, y otra, y otra. No te dejarás vencer sin pelear hasta el final. No dejarás que te quite las ganas de vivir. Tienes ilusión, tienes fe.

Siempre hay Esperanza….

Borja Loren Ariño

De 24 años y residente en un pueblo de la provincia de Teruel llamado Alcañiz. Actualmente desempleado y tomando cursos de fotografía artística. Lector profundo de muchos autores desde una edad temprana y ocasionalmente aficionado a la escritura. Por desgracia, mi abuela no pudo ganar esta guerra, y aún con todo, jamás perdió la sonrisa. Casualidades de la vida, su nombre era Esperanza. Seguro le hubiera encantado esta gran idea que es el certamen que ustedes convocan. Apasionada incondicional de la poesía, sin duda hubiera participado en el certamen. Gracias por su tiempo. Y muchas gracias por su labor, un acto humilde y admirable. ¡Seguro que entre todos ganamos esta batalla! ¡Hay esperanza! ¡Claro que sí! Abrazo.

Hebras de esperanza

I

No cesa su voluntad frente a la
roca,
frente al Loiba decide el mar en
azul,
fiero sabedor que no existe talud
ni obstáculo rudo que se le oponga

Luce un locuaz reflejo
esperanzador
la naturaleza. Lo suficiente
para a la adversidad uno hacer
frente,
espejo donde verse frente al fragor.

Bajo la tenue sombra del cerezo
pudo encontrar mejora el
crisantemo.
El calor humano se asemeja a ello.

En la séptima hora bajo la lluvia,
un ave teje un ángel en la magnolia
y decide alicatar el hoy de nuevo.

II

Y mientras la óctuple brizna de
hierba
amanezca a la llamada del viento...
Mientras cale hondo el afecto que
siento...
Quedará esperanza allá donde
hiela.

Pues mi esperanza es eso, un aleteo
de azucenas a la urgencia del alba
abriendo vuelo donde queda mi
alma,
lugar donde el pesimismo volteo.

En donde la primavera le queda
justa y elegante a mis manos, un
coro
de cisnes nombra mi voz exacta.

Haciendo eco mi abrazo tangible,
a ti luchador quisiera decirte:
si es posible una flor todo es
posible.

Carleth Patricia Morales Senges

Nació en Caracas. Es periodista, egresada de la Universidad Central de Venezuela, locutora y diseñador gráfico. Ejerció en Los Teques, capital de Miranda, en varios medios y en el Ayuntamiento, donde fue directora de Comunicación hasta el año 2000, cuando emigró a España. Con dos máster y estudios de Doctorado, hoy es jefa de redacción de un sólido grupo editorial y presidenta de la Asociación de periodistas venezolanos en España Venezuelan Press.

A mi amiga Luz, porque su historia, inspira vida.

Samuel

Un día, a mi mejor amiga le diagnosticaron cáncer de mama. "Me palpé y sentí un bulto" me dijo por teléfono. Y ese mismo día fue al médico.

Comenzó entonces un largo andar. No había nada concluyente. Pero ella buscó. Investigó. Preguntó. Indagó. Insistió. No se rindió. Y el diagnóstico llegó.

Toda su fuerza la concentró en ello. Porque cuando la vida nos plantea un reto así, nada hay en la vida más importante que la vida misma. Todo se contiene para darle paso.

Y llegaron las terapias. Y las visitas al médico. Y las pruebas. Y los meses. Y como al quinto, el médico le dijo: ¡estás embarazada! "Lo estuvo desde el primer momento".

Fue como una sacudida, un reto que superaba al anterior. Pero esta vez la vida, que debía ser más importante que nada, le pedía paso al amor, al más grande. Y tenía que decidir. Y decidió.

Por cuatro meses se fueron las terapias y llegaron las plegarias. Se tornaron las sesiones en rezos. Y Dios escuchó. Por eso el niño se llama Samuel. El escuchado por Dios. Y cuando nació, la lucha de esta madre tenía más sentido, si cabe. Por eso ganó. Había ganado el amor. Y la vida. Jamás vi mejor ejemplo de que cuando hay vida, hay esperanza.

Carmen Hidalgo

Mi nombre Carmen me viene de mis ancestros. Mi seudónimo, Cigüeña Azul.

Con mi profesión ayudaba a nacer a la vida. Mi afición por escribir, aunque siempre ha estado ahí, la he descubierto en un curso de creación literaria y, a través de la escritura, he comprobado su poder terapéutico.

Con la escritura permites abrir el alma y dar vida también.

Acompañar a amigos con Cáncer, me ha hecho crecer.

Ahora he mezclado todo y he creado este relato que dedico a mi amigo Miguel.

Para Miguel

Aquella mañana, salí de casa en dirección al hospital para ver a mi amigo Miguel.

Allí estaba él, en la cama, vulnerable, indefenso y adormilado.

Pasó poco tiempo cuando acudió el doctor, valoró el estado del paciente y nos hizo salir a su mujer y a mí de la habitación: "Miguel está muy mal", nos dijo y la palabra maldita impactó en nuestros cerebros como una bomba, así sin más, a bocajarro, dejándonos bloqueadas, sin dar crédito a lo escuchado, sin saber qué hacer, temblorosas y abrazadas...

Pero eso fue solo el principio, pues ahí comenzó la lucha médica, la de Miguel por su capacidad de aceptación, de aguante y la de su pareja Mercedes que incansable se convirtió en sus pies y sus manos.

La medicina seguiría su fuerte y lento tratamiento, a la vez ellos, paralelamente, utilizarían las ayudas alternativas: confianza, positivismo, la amistad, el amor y la espiritualidad. En definitiva crecimiento personal, además de una alimentación equilibrada y la acupuntura.

Miguel, hoy por hoy, va superando satisfactoriamente todos los controles y su amor a la vida le ha hecho ver que hay esperanza, el cáncer se puede vencer.

Cecilia Busto

Nació en 1997 en Avilés (Asturias). Actualmente cursa estudios de grado en Lengua Española y sus Literaturas. Tiene un blog en Internet donde comparte sus creaciones literarias y reflexiones (www.mylitteraryworld.blogspot.com). Además de la escritura, otras de sus aficiones son la lectura, la música, salir, el cine, el teatro y viajar.

Superhéroes

Era lo que Benjamín quería ser de mayor, ayudar a la gente y salvar vidas inocentes de las malvadas garras de los malos, algo que a los aburridos mayores les resultaba difícil de entender. Pero precisamente el talón de Aquiles de éstos era lo que hacía que Benjamín, con una gorra en la cabeza, su vitalidad, su ilusión y una gran sonrisa, luchara día a día y sin descanso contra el enemigo que intentaba arrebatarle el más valioso de sus tesoros. Y es que ellos, pese a su excesiva seriedad y poca imaginación, también eran héroes.

Fundación Vencer el Cáncer

Coralie Jorge Do Marco

Me llamo Coralie, tengo 21 años, soy francesa y desde hace dos años estudio Filología Hispánica en la Universidad de Cádiz. Además de estudiar Literatura, me formo en Psicología porque me gustaría abrir un centro de cultura francesa (literatura, cocina, bailes, lengua…) y tener tanto la posibilidad de acoger todo tipo de personas como desplazarme a hospitales para traer un poco de sueño y de viaje a los niños y adultos hospitalizados.

"Cuando la vida te da cien razones para llorar, muéstrale que tienes mil para sonreír. No debemos mirar demasiado tiempo la puerta cerrada sino intentar ver la que se abre". Eso, Esperanza me lo murmuró muchas veces. Y era verdad. Soy Julián, tengo ocho años y leucemia. No puedo explicarlo bien porque no entiendo todas las palabras complicadas empleadas por los médicos. Solo sé que es muy grave y que toca la médula. Por eso falté mucho al cole y no tengo muchos amigos por la regularidad de las crisis. Mi única amiga se llama Esperanza: una niña que, según mis padres, no es real y existe solo en mi cabeza. ¡Pero estoy seguro de que es tan real como yo! Cuando está conmigo, me transmite una energía tan positiva y una fuerza tan inmensa que hace que me sienta mejor enseguida. La primera vez que la encontré, el día cuando me enteré de mi enfermedad, Esperanza me dijo que el combate sería muy largo y que ella quería estar a mi lado. También añadió que confiara en ella porque si dejaba de hacerlo, ya no podría nada. Hasta hoy, me dio fuerza y… esperanza para superar la quimioterapia y la angustia. ¡Y adivinad qué! ¡Me siento cada vez mejor y con menos crisis! Caminamos cogidos de la mano. Venceremos.

Cristina María Antón Garrido

Soy licenciada en Derecho y actualmente trabajo como recepcionista en un colegio. Quiero participar en el concurso de microrrelatos, para apoyar a la investigación contra el cáncer y si al mismo tiempo puedo animar y ayudar a quien esté pasando por la misma situación que yo viví, estaría encantada.

Travesía hacia la luz

La palabra esperanza es lo más importante para salir de una enfermedad como el cáncer, nos da fuerza a enfermos y familiares para enfrentarnos a un camino duro, pero que puede tener un final feliz y del que se aprende muchísimo.

El proceso es difícil, la operación, el tratamiento y sobre todo luchar contra el miedo y mantener la fuerza para apoyar a la persona a la que tanto quieres, en este caso mi madre enferma de cáncer de mama. No quiero dejar de agradecer a las personas que estuvieron conmigo en este proceso, que tanto me ayudaron y fueron tan importantes.

Después de este camino la vida no vuelve a ser la misma, se pasan momentos amargos, pero también aprendes a valorar muchísimo más las pequeñas cosas que importan y, sobre todo, apreciar el inmenso regalo que significa estar vivo y compartir un nuevo día con las personas queridas. Uno de los motivos por los que me decidí a escribir esta experiencia es recordarme a mí misma la fuerza que fuimos capaces de generar durante la enfermedad y nunca olvidar agradecer cada día que puedo compartir con mi madre.

Y el motivo principal es mandar todo mi apoyo y cariño a las personas que están luchando contra esta enfermedad. No están solos.

Cristina Conejero Martínez

Nací en Madrid en 1971. Soy ingeniera técnica informática, y trabajo en el sector desde hace más de veinte años.

Desde hace años asisto con regularidad a talleres de escritura creativa. Uno de mis microrrelatos ha sido publicado en la antología *¿Y usted de qué se ríe?* del Taller de Escritura Creativa de Clara Obligado.

La lectura, el teatro, la fotografía y viajar son otras de mis principales aficiones.

Ella

Hacía frío. Llevaba las manos embutidas en los bolsillos de la chaqueta y una bufanda de colores abrigaba su garganta.

Caminaba por las calles de siempre, nada había cambiado en ellas y, sin embargo, todo era distinto.

Caminaba sobre la alfombra de hojas amarillas y hacía frío, sí, pero sentía un calor reconfortante.

Daniel Huerga Álvarez

Es cirujano. También es aficionado a escribir.

Lo hace utilizando las herramientas que ofrece la red: su muro de Facebook y su blog de relatos "Navegando de ceñida".

Colabora en dos publicaciones de temática cultural en Internet.

Es uno de los autores de la recolección de cuentos *A través del tiempo en busca del Santo Grial* (2014), publicada por Edizioni Pragmata.

Iván es esperanza

Tiene 37 años.

Hace 8 le diagnosticaron el primer cáncer en el colon. Estaba recién casado y venía una niña en camino.

Ahora esa niña juega a esconderse tras las piernas de su padre. Su mujer, siempre a su lado.

Tiene 37 años y me mira.

Hace 3 le diagnosticaron su segundo cáncer. Venía un niño de camino. Ahora, lo sostiene en brazos. Su mujer, siempre a su lado, también me mira.

Hace 3 meses le diagnosticaron el tercero.

Fue difícil decírselo. Sosteníamos miradas de preocupación que acallaban a las palabras y humedecían los ojos. El reparto de las cartas en el juego de la vida es muy cabrón a veces. Les ha tocado una lucha en una edad en que los demás flotamos en la ilusión de los comienzos.

Coincidimos casualmente poco antes de la operación. Esta es la escena: sostiene en los brazos a su hijo. Su hija se esconde detrás de sus piernas. Su mujer a su lado, siempre a su lado.

– ¡Va a salir bien! –Señala al niño con un gesto.

–Sí. –Le aprieto el brazo.

Tiene un gen estropeado que le predispone al cáncer. No se rinde. Ha engendrado dos hijos y mantiene unida a su familia. Tiene confianza en mí. Yo confío más en él: en su vitalidad, en su fuerza. En su esperanza inquebrantable.

Tiene 37 años y me mira sonriendo.

Eduardo Gálvez Bellido

Nacido en 1962, residente en Madrid, donde se licenció en Historia del Arte en 1987 y diplomó en Conservación y Restauración en 1990. Para conocer y conocerse lleva más de 30 años bregando en diversos ámbitos con el arte plástico y otro tanto quizá con las letras, tratando de encontrar sin mayores pretensiones una voz propia y un mar en calma donde aposentar el ánimo.

Renacer

"Presos de la incertidumbre y su fajado temor, atravesar en paz
cielo y tierra no podemos –clamaba el Atribulado Vigilante
de nuestras conciencias– salvo que duerma por siempre
el enervado enojo que nos provoca y sucumba el sinsentido
maquinista que nos empuja y deteriora".
"Porque La Vida no escoge los nichos que habita y su vasta
e inabarcable remoción nos ignora –continuó–
sus múltiples formas relatarán nuestro destino extinto,
cual si de una maldición se tratara, si no hacemos por sostener
ese fragor que nos cobija y atesora" –concluía con pesadumbre,
dispuesto a rendirse después de tanta lucha.
Y sin embargo, un rebrote tenso y global del latir emocionado
afirmaba doquiera la posibilidad, abriendo vívidas sus
proyecciones.
Fue así, a través del pálpito secreto que confía en el poder
oculto
de lo intuido, en la fuerza clarividente de lo imaginado,
como se repartía al fin una energía curativa y tenaz.
¡Crece, obstinada y militante frente a nocivas presiones,
una esperanzada voluntad!
"Cae ya de su pedestal agrietado el hasta ahora insalvable
discurrir
de lo insolidario. Renace pues con esperanza la fe en un rumbo,
en el brotar fraterno de lo esperado".

Félix Kalhai

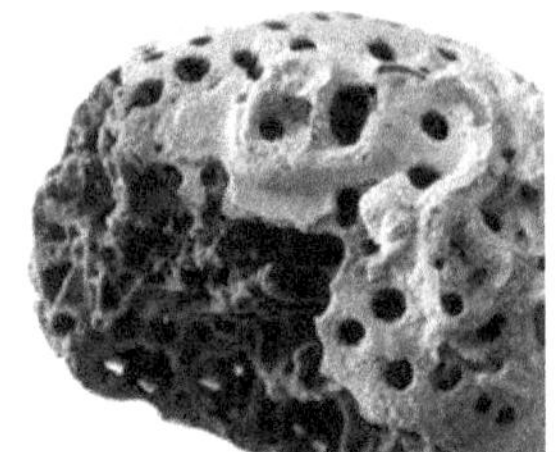

Es un escritor latinoamericano que ha colaborado con artículos de no-ficción para distintos medios de comunicación, en especial costarricenses. Hasta hace poco no tomó la decisión de compartir sus obras de cuentos y relatos no relacionados con artículos o ensayos.

La lección de la piedra del mar

Ahí estaba ella, afligida y avergonzada, ¿quién hubiera adivinado que una criatura tan linda, tan llena de vida, se fuera apagando por cada prenda que caía de su cuerpo? Esta era ella, la verdadera. Dos cicatrices marcan el lugar donde yacía su debilidad, la prueba de la victoria contra la enfermedad. Pero ella baja la mirada, como si hubiera hecho algo mal, como si tuviera algo que ocultar.

Él la contempló tiernamente, buscó bajo su mesita y sacó una piedra. Hubiera sido una piedra cualquiera, pero al verla con atención se apreciaban unas marcas en forma de espiral, sutiles grietas brillantes.

"Esta piedra estuvo en el agua seguramente por mucho tiempo, me la traje de la costa. ¿Linda verdad?"

"Si, lo es; en especial por esas figuras. Imagino que es eso lo que me querés dar a entender".

"No exactamente. Claro que es hermosa, pero la ves muy de prisa y pensás que es por sus marcas, porque así nos enseñaron a percibir la belleza. Esas marcas son hijas del lugar y el tiempo. Esta piedra ha existido por, quizá, miles de años. Ha soportado el impacto de las olas, la presión contra las conchas y la invasión de la sal. Esta piedra es bella porque ha sobrevivido, y esas marcas sólo se lo recuerdan".

Fiorella Fortado Aguilar

Enamorada de la vida, de la ciencia y recientemente de la escritura. Soy farmacéutica de profesión. Esto me ha permitido ampliar mis horizontes en áreas clínicas y las relaciones humanas. ¡Encuentro principal interés en los retos que llevan a las personas a auto superarse y a encontrar en el día a día una razón de ser!

Eva

Eva tomó mi mano temblorosa, sus grandes ojos azules se transformaron en un mar en calma para mí.

Cada semana, ambas tenemos una cita a las siete en punto.

¿Cómo podría Eva saber qué me pasaba? ¿Cuál maravilloso don había desarrollado para reconocerlo?

–La vida se parece a veces a un parque de atracciones. –me dijo sin pensarlo dos veces. Los lunes siento que son como subirse a la montaña rusa. Con vacíos estrepitosos, cargados de vértigo del futuro y miedo, mucho miedo ante la incertidumbre. Los jueves, se parecen más a un carrusel. Alguien con cáncer sabe de qué se trata este ir y venir, dando vueltas en círculos, rodeado de luces y sombras. Un viaje que sientes interminable.

Pero Ana, ¿sabes cuál día disfruto más?

Aún asombrada solo pude continuar mirándola.

El sábado –dijo –: se parece a un paseo en bote por el lago. Ese día me dejo llevar, disfruto todo lo que el paisaje me ofrece, sin prisas, sin dudas. Recuerdo las aventuras en los cisnes de madera que flotaban en El Gran Estanque, papá solía llevarme cada verano. Soñaba que me convertía en otro cisne y flotaba. Flotaba como lo hago ahora. De eso se trata la vida querida Ana, de flotar cuando es necesario o de nadar cuando regresan tus fuerzas!

Francisco Juan Barata Bausach

Me llamo Francisco J. Barata Bausach, no soy escritor, estoy aprendiendo a escribir. Soy un tipo mayor, con 63 años, que nunca antes había escrito literatura.

Escribo porque me gusta, lo he descubierto tarde, pero me apasiona. Y también escribo para demostrar a esta sociedad en la que los empresarios y las instituciones han decidido condenarme a la jubilación, porque parecen creer que mi experiencia hay que tirarla a la basura, que yo no acepto la condena, no me quiero jubilar, lo veo tan lejano y pienso, estoy seguro, que sí que valgo, por lo menos para escribir, que no se enteran.

Cuando resistir es ganar

Luci y Jose tomaban café cada tarde. Hoy, salieron mal dadas, él se despidió para siempre. No podía soportar las penas de Luci en la lucha que al poco de conocerse emprendió contra un cáncer de pecho que la malvivió. Quimio, operaciones, ahora, tras un corto periodo tranquilo, el bicho despierta. Vuelta a empezar. La nueva cruzada pinta mal, ¿mastectomía? La quimio más agresiva todavía. Jose, sufría de verla sufrir, sin entender que su compañía la hacía luchar con más fuerza. Vanas palabras sonaron, te quiero, no puedo verte sufrir. El pensar de Luci, excusas. Su amor, tan fuerte antes, no era a prueba de cánceres. No dudó, mirándolo con rabia, dijo, "eres un cobarde, tú no me quieres, así, ahora, jodida", y salió. Ademán de seguirla ninguno, quizás respiró, quitándose un peso de encima. Ella, corrió, hasta que el cansancio le pudo, sentándose en un banco. Lloró coraje, más que desamor, por querer a un hombre que no lo era. Serena, se deshizo de las lágrimas. Habló sola, "este cabrón no me va a joder. Mi vida importa más, por ovarios, porque quiero volver a amar a un hombre de verdad, si hay que luchar, lucharé. No necesito a nadie que sufra conmigo... necesito alguien que me ayude a sufrir".

Francisco Palacio

He nacido en Santander un catorce de julio de mil novecientos ochenta y llevo juntando letras prácticamente desde que tengo uso de razón desde este rincón mirando al mar que es Santander. En el año dos mil quince el blog de literatura "Por amor al arte", me consideró finalista de su edición anual por mi poemario, *Blues del oficinista*, y comencé a publicar mis textos en un blog.

De forma personal el Cáncer, con mayúsculas, ha estado presente en mi familia desde que era un niño por lo que considero un placer la oportunidad de poder participar y ayudar en su proyecto.

La bailarina

Te despertarás como de un sueño. Un mal sueño. Mariposas anidarán en tu pelo y todo olerá a hierba recién cortada. Mateo estará ya andando por el salón esperándote. Tu hermana tendrá listo tu bolso para ir a pasear. Ciudades y lugares que te son conocidos (Londres, París, Moscú, Baqueira) se plegarán sobre sí mismos, para florecer secretos rutilantes a la orilla de un río o colgados de algún mirto en un parterre y un chico te llevará a conocerlos todos, cogidos ambos de la mano. De momento duerme. El mundo gira egoísta, ajeno a ti, a tu pura lucha, pero sabemos, todos sabemos, que es una máscara, una impostura para justificar su rotación hasta que despiertes y salgas bailando del hospital.

Tengo una caja preparada para recoger los aplausos que tintinearán en los teatros, en las plazas, en las alamedas, que te verán cuando salgas a bailar, y ese será mi regalo para cuando despiertes, pero primero duerme mi ángel. Coge fuerzas. El mundo puede ser un lugar hostil y peligroso, y a ti te ha tocado pronto, demasiado y pronto. No importa. Todos cuidaremos de que todo se quede congelado como un sueño, un mal sueño, del que despertaras bailando.

Fundación Vencer el Cáncer

Francisco Pérez Pastor

El 9 de diciembre de 1973, según le han contado, Adelina, madre del autor, se puso de parto en Castellón de la Plana y en ese mismo instante él vino al mundo. Fue criado en una humilde familia donde disfrutó muchísimo de su infancia junto a sus cuatro hermanos. Su padre Francisco le mimó todos los días de su vida. Su madre, por suerte, todavía lo hace. Para sentirse feliz trata de "hacer el bien sin mirar a quien" y "lo que no quiere para él, no lo quiere para nadie".

La esperanza

Aquella tarde, venía de una charla y se lo conté a ella por whatsapp.

De forma irónica me contestó: –Paco, ¿A qué dedicas tu tiempo libre?

– ¿Realmente quieres saberlo?- Le dije: –Te lo cuento encantado pero si antes me prometes mantenerlo en secreto y que no te vas a reír de mí. – Así quedó la cosa.

(…) Pensé en ello, en mi vida. Afortunadamente ahora solo recuerdo los momentos felices, no lo que sufrí. No todos tienen la suerte como yo de encontrar un propósito que les dé un verdadero significado a sus vidas. Comprendí que desde hace años la mayor parte de mi escaso tiempo libre lo dedicaba a cuidar de mis seres queridos.

Si alguien a quien quiero me dice que le acompañe a hacer algo, sea lo que sea, no dudo en apuntarme. Es decir, tengo muy poco tiempo libre para mí pero, todo el tiempo del mundo para dejar lo que estoy haciendo e ir a cualquier lugar en cualquier momento. Porque si hay algo que tengo claro es que prefiero hacer las cosas en buena compañía antes que solo. Sé que la vida es el tiempo que nos queda por vivir y todos deberíamos ser conscientes de ello. Me encanta la aventura e improvisar, dar sorpresas y que me las den. Sólo digo que no, cuando realmente me es imposible, y nunca pongo excusas...

Franz Kelle

Mi abuelo paterno bajó del frío centroeuropeo en los años veinte del XX. Yo nací en Valencia el cálido verano de 1975. Y aquí sigo.

Licenciado en Ciencias de la Información el año 2000, comencé como publicista y al año me pasé al comercio exterior.

Algo hizo que retomase la afición por la escritura hace siete años. Y fue un sueño. Ahora, más que la noche, me inspira el agua. La nariz expulsa burbujas de dióxido hasta que salta alguna chispa y nace una historia que los dedos teclean después. Yo me dedico a dar la cara cuando suena la flauta. Premio aquí, mención allá —veinte reconocimientos ya—, la ruleta agridulce del literato aficionado se detuvo un buen día en la casilla «formar grupo». Nació la Generación Bibliocafé, con la que llevo publicados relatos en ocho antologías.

En todas partes

Está en los detalles mínimos. En cómo ladea la cabeza la hematóloga al hojear los análisis. En la expresión de la enfermera que me inyecta la infusión. Y en el gesto resuelto de una chica en la sala de espera, la calvicie cubierta con un pañuelo de colores. Sobre todo la encuentro ahí, en ese semblante que destila valentía, ganas de tutear a la enfermedad y de llamar a las cosas por su nombre. Si el cáncer no tiene compasión, no seré yo quien se autocompadezca.

La noche. Apago la luz y casi siento el fluir de la sangre por las venas. Unos blastos me quieren comer y el medicamento llamado azacitidina los combate a fuego. Percibo cómo los reducimos, uno a uno. Me arrebujo en la manta y me obligo a sonreír, que noten por allí dentro que no me amilano. Mi misión es no arrojar la toalla. Paciente, ya lo dice la palabra.

La transmite el abrazo de la frutera en cuanto pregunta qué tal la anemia y la pongo al día. La avivan las personas que me miran de frente y la sustenta mi comprensión hacia quienes no logran disimular su pena.

Hay esperanza. Y está en todas partes.

Ahora mismo la veo en tus ojos.

Gonzalo Murillo Tello

Solo soy alguien que escribe. Lo hago por acallar mis propios demonios. Desde niño tuve la necesidad de hacerlo. Supongo que es como el que pinta, o el que toca un instrumento.

En mi caso, escribir es la manera que tiene mi mente de ordenar mis pensamientos y vivencias. Así que, si me he de definir, diré que "solo soy alguien que escribe"; no es mucho, pero ciertamente, tampoco es que sea nada.

En mariposa convertida

La conocí cuando la transformación aún no se había completado. La reciente sombra de la enfermedad aún la atenazaba, pero ni siquiera algo tan duro como aquello había podido mermar su innata ilusión. Tenía infinitas ganas de vivir y me explicó que, tras la quimioterapia, había desarrollado la capacidad de asombrarse con cada pequeño detalle con el que la vida la obsequiaba: un bonito atardecer, una obra de arte, la visita a un museo... Padecía síndrome de Stendhal, y en más de una ocasión, la sorprendí con los ojos llorosos al contemplar algo bello. Yo, que andaba entonces con un corazón de hojalata, me enamoré perdidamente... A menudo había miedos, claro. Cuando la fecha de la revisión trimestral se acercaba, se convertía en un animal asustado. Temía perder su bien más preciado: la vida. Entonces intentaba consolarla, y aunque es cierto que le di amor desde el primer momento, siempre supe que el mérito fue suyo. ¡Era tan especial! ¡Lo sigue siendo ahora! Vive feliz conmigo y con nuestro perro salchicha; el gusano de seda que fue acabó por convertirse en una preciosa mariposa. Ella es la prueba viva de que ¡hay esperanza para vencer el cáncer!

Isabel Alarcón García

43 años, de S.S. de los Reyes. Madre de dos niñas de 7 años. Informática y escritora de vocación. Autora de un blog sobre historia del trabajo. Cuenta con 14 microrrelatos seleccionados en concursos y publicados en libros de antologías, así como varias publicaciones en la Revista Literarte Digital (Argentina).

Participa en el certamen con la esperanza de que todos podamos alcanzar nuestros sueños y no sea el cáncer quién nos lo impida.

Escalera hacia el cielo

Se paró en las escaleras y respiró hondo. Miró hacia arriba con cierto cansancio. Aún quedaba mucho camino para alcanzar el cielo. Cada peldaño que ascendía, le alejaba del sufrimiento, dolor, fracaso, de los conflictos, sirenas y lágrimas perdidas por las esquinas. La esperanza de encontrar allí arriba el paraíso, le hacía olvidarse de todo.

Pero sus fuerzas le pidieron un alto en el camino. Se sentó en las escaleras, respiró hondo y contempló el mundo que quería dejar atrás. Un mundo repleto de amor, amigos, sonrisas, ilusiones y sueños por los que luchar. Un mundo donde cada día, era un regalo.

Tras observar su vida desde lo más alto, se levantó, respiró hondo y recuperó la fuerza perdida. Comenzó así su descenso, con la esperanza de recuperar lo que el cáncer le hizo ver y pretendió arrebatar: el cielo que siempre tuvo en sus manos.

Ismael García Quesada

Nacido en Madrid en el 76. Donde vivo y trabajo en la actualidad.

El placer de la escritura fue a través de mi pareja.

Trabajo para los Cuerpos de Seguridad del Estado. Y estoy muy contento de poder participar en esto.

Volar

Amor mío
no podrá con nosotros.
Lucharemos,
no perderemos
la esperanza,
porque un solo beso
será tu fuerza
y mi aliento.

Amor mío
no podrá con nosotros.
Mientras un roce
de tu piel estimule
...mi ser
y pueda abrazarte,
besarte
nada podrá pararme.

Amor mío
no podrá con nosotros.
Ni las piedras
en el camino
ni las huellas
que dejen
sus heridas
nada cambiará
…eres mi vida.

Amor mío
no podrá vencernos
porque no sabe
que hay amores eternos.

Javier Soria González

Nació en Albacete el 23 de diciembre de 1983. Cursó sus estudios de Secundaria en el Colegio Escuelas Pías, donde nace su afición a la lectura alentado por sus profesores y la voluntad de su madre. Visitante asiduo de la Biblioteca del Parque de Albacete, siempre manifestó un gusto por la lectura que le empujó a escribir en su último año de Secundaria pequeñas narraciones, relatos y poemas de forma ocasional.

En el año 2015, y tras la finalización de un posgrado de Dirección Contable, decide crear un blog, donde publica de forma asidua microcuentos, narraciones y relatos. En el blog se pueden encontrar también fábulas e historias que tratan de dibujar las emociones de los personajes con un vocabulario directo, coloquial y sencillo.

Amante de la naturaleza. Se define como una persona amable, honesta, cercana y sincera. Disfruta de otras pasiones, tales como cine, música y deporte. Compagina sus hobbies con su trabajo y su pasión por leer y escribir.

La sala de oncología infantil estaba en calma. El viejo mago miraba atentamente a todos los niños que lo estudiaban con unos ojos cargados de alegría, fascinación y curiosidad. Estaba a punto de hacer su último truco y necesitaba silencio. Observaba a los pequeños y no entendía como una enfermedad como el cáncer, tan terrible, devastadora y cruel, podía atacar unos cuerpecitos tan diminutos. Estaba sorprendido por las amplias sonrisas, miradas pizpiretas, dulces gestos, cálidos abrazos y atención desinteresada que habían mostrado esos tiernos niños desde su llegada.

Pidió que todos cerraran los ojos y comenzó a cantar divertidas estrofas. Pronto se unieron a él y los niños comenzaron a entonar mágicas notas que llenaron de energía, vigor, entusiasmo, pasión e inocencia toda la sala. El mago sacó una revoltosa paloma de su sombrero que agitó sus alas dibujando círculos de paz y libertad en el aire. Todos los niños abrieron sus ojos y comenzaron a reír. La paloma se contagió de la felicidad y comenzó a volar, atravesó la ventana y se dirigió hacia las estrellas. En ese momento, el mago vio la paloma marchar y sintió en lo más profundo de su corazón como hay vida, hay esperanza...

Jesús Canca Lara

Maestro y filólogo, menor de cuatro hermanos, todos docentes, nacido en el seno de una familia de inexistente tradición académica: su padre, comerciante, y su madre, ama de casa. Ese vínculo casual entre hermanos con el mundo educativo ha sido motivo para que algún que otro amigo haya parangonado a sus padres con una sucursal del Ministerio de Educación en su Ceuta natal.

Su formación académica ha estado siempre ligada al ámbito de las letras: Ceuta y Granada fueron los escenarios de sus estudios universitarios, donde cursó Magisterio y Filología Inglesa, respectivamente; mientras que sus primeros pasos en el mundo de la docencia fueron en tres ciudades escocesas cercanas a Glasgow. Desde entonces ejerce su carrera profesional en la ciudad que lo vio nacer, cerca de los suyos.

En la actualidad es funcionario de carrera del MECD y ejerce como profesor de lengua inglesa de Enseñanza Secundaria en un CEPA (Centro de Educación para Personas Adultas) en Ceuta.

Será verdad

*Estar atravesando una tormenta
no significa que no te dirijas
hacia la luz del sol*

Querido diario:

Mis lágrimas no pueden más. Llámame Lola, Margaret, Valérie o Latifa, porque a cualquiera le puede pasar.

Como un ovillo deshilachado, de esperanza alicaída, reconozco que él nunca me falló. Ahora que más lo necesito, tampoco lo hará.

Mandaría todo al traste. Pero por mucho que maldiga mi suerte, nada valdrá. Pensaba que la padecían las demás. Ahora sé que a cualquiera le puede tocar. Maldita lotería. Dichosa enfermedad.

¿Pareceré un bicho raro por plantarle cara al cáncer que me acaban de diagnosticar? Sé a lo que me tendré que enfrentar: cirugía, fármacos, hospitales, radio, quimio y... sabe Dios cuántas cosas más.

Positiva, una vez más. Todos tenemos una razón por la que luchar. Y cuando pretendamos abandonar, bregaremos porque la vida valdrá.

Rememoro a El Principito. Positivo en la adversidad. La vida no consiste en esperar a que pase la tormenta sino, bajo la lluvia, aprender a bailar.

Exprimiré cada momento. Hay vida en la esperanza. Y si la esperanza es el sueño de los despiertos, estoy dispuesta a soñar. Además, si él lo dice, será verdad.

Esperanza

Jesús Clavería Clavería

Mi nombre, Jesús tengo 70 años. estoy jubilado, casado, dos hijos y cuatro nietos; mis aficiones son escribir, actividades propias de la edad y disfrutar del mar dentro de lo posible.

Lorena

Al poco de llegar al mundo LORENA, el cáncer se cebó en ella y múltiples limitaciones con respecto a la mayoría, habían de ser para siempre una pesada compañía.

Le compensaba el hecho de haber nacido en ese rincón del Bajo Aragón donde el recuerdo de alguna ceremonia ancestral, hacía que los tambores rasgaran el aire a las doce del Viernes Santo.

Este año la Sibila con su ángel protector, la Hebrea, en la que se apoyaba al caminar, esperaban la hora, para iniciar el rito, junto con tamborileros equipados con terceroles y túnicas moradas como era costumbre.

La arrastraba el entusiasmo, pero la vida le volvía la espalda. Y las fuerzas la debilitaban día a día, a pesar de su escepticismo.

Sentía en la piel el amor por su tierra, sus tradiciones y lo que esto significaba. Pero pudo más lo esperado que la pasión, y su tiempo se pensó que se acababa antes de lo previsto.

Esa mañana su mente se nubló, mientras su esencia volaba hacia lejanos acantilados para reunirse con los suyos.

Cuando el más viejo la sorprendió pensando en la tierra de donde acababa de llegar, la llamó a su lado y le explicó que el cielo que ella buscaba estaba junto a los suyos. Se había producido el milagro.

José Antonio San Vicente Fernández

Nací en Madrid en 1965. Comencé mi vida laboral en distintos sectores hasta llegar al que a día de hoy sigo ejerciendo, sector informático.

Durante muchos años tuve ganas de escribir algo pero nunca supe por dónde empezar. Hace unos meses comencé a escribir relatos cortos, que continúo creando.

Vi por Internet este certamen y pensé que sería buena idea participar e intentar aportar un granito de arena, y me puse manos a la obra.

Hay esperanza

Hay esperanza porque hay solución. Veo luchar con una sonrisa, y rápidamente comprendo que hay esperanza, que hay solución, que hay que seguir luchando.

De la mano, un equipo de científicos luchando contra reloj, ayudan a hacer posible que la esperanza crezca con el tiempo. Consiguen demostrar que la esperanza tiene su podio preparado.

Sanitarios, pacientes, familiares y amigos, demuestran cada día, cada minuto, como la esperanza es una herramienta más en la lucha que acaba, por necesidad, dando su resultado.

Esperanza no es simplemente esperar, es luchar, no dejarse vencer, sino saber que se dejará al enemigo vencido.

Es pelea de todos, pues todos vamos en el mismo barco nos demos cuenta de ello o no. No hay quien esté solo, ni quien esté acompañado, pero quien no puede faltar como acompañante, es sin duda, la esperanza.

A todos aquellos que tienen esperanza, enhorabuena, pues ya habéis vencido. A quienes les cuesta tenerla, no desesperéis, pues no desesperar, para hallarla es el camino.

José Luis Moscoso

El autor ha sufrido las secuelas del cáncer en su propia familia y se interesa por los temas de la salud pública, en especial por la atención a los pacientes.

Hay Esperanza

¡"Cáncer", el cruel diagnóstico de tu biopsia!

Una idea martillea tu cabeza: ¿"Cuánto tiempo voy a durar"? O aún peor ¿"cuánto me toca sufrir todavía antes de dejar este mundo"?

Te has venido abajo. Te comprendo. Perdid@ estás en un túnel oscuro. A tu alrededor sólo ves tinieblas.

Sí, por desgracia te ha tocado a ti, justo a ti.

¡Pero quién dijo miedo, adelante los valientes!

Escúchame bien: hoy día de cada diez casos, siete al cáncer han vencido. Yo entre ellos. Ahora te toca a ti.

Por ello, quiero encender contigo una cerilla de esperanza que te ilumine en medio de la densa niebla de tu enfermedad.

Si mi ayuda aceptas, yo estaré a tu lado, y juntos atravesaremos esa selva oscura para descubrir el sol de primavera.

Luchemos a dos manos con actitud positiva. Y junto al poeta recitemos con confianza:

"Al olmo viejo, hendido por el rayo
y en su mitad podrido,
con las lluvias de abril y el sol de mayo
*algunas hojas verdes le han salido"**
Un damnificado del cáncer.

* Antonio Machado, Campos de Castilla

José Luis Roca Aymar

Nace en Palma de Mallorca.

Cursa la licenciatura de Derecho en la Universidad Complutense. Abogado.

Ha sido Secretario General de la Corte Española de Arbitraje desde 1982 hasta 2010.

Es Académico Correspondiente de la Real de Jurisprudencia y Legislación desde 1.978. Está en posesión de la Cruz de Honor de San Raimundo de Peñafort concedida en 2000 por el Ministro de Justicia.

Profesor de Contratación Internacional y Arbitraje Comercial Internacional en diversas universidades. Experto en Derecho colaborativo y ADR.

En 2014 publica su primera novela *El viejo pescador de Zanzíbar*, en la que trata diversas historias de superación personal. En el 2015, *El Secreto de la Colina Verde* aborda una fantástica historia enormemente humana y reconfortante que bien pudiera basarse en hechos reales.

El 28 de septiembre de 2015 fue operado de cáncer de lengua. A los tres meses, gracias a Dios, ha vuelto a nacer en él, nunca mejor expresado, el gusto por la nueva vida. Sigue trabajando.

El gusto por la nueva vida

No siempre la vida reparte buenas cartas. Pero hay que jugar para ganar.

En cada persona existe un inconsciente deseo de vivir, como si nunca fuéramos a caer enfermos. No vemos sentido alguno al padecimiento. Eso no quita que nos pueda suceder.

¿Por qué a mí un cáncer de lengua?

En mi vida he fumado. Es duro entender lo que no se comprende.

Nada más entrar en la consulta del especialista de maxilofacial, me daba el resultado de la biopsia. Lo curioso es que en el volante para realizar la prueba, había puesto de puño y letra "biopsia benigna". La sorpresa fue mayúscula.

- Tengo que darte una mala noticia. Tienes un carcinoma en la lengua. Urge operarte. Consistirá en una hemigloxetomía con disección radical de cuello.

Tenía que descender al fondo de la nueva y amarga realidad.

Justo a los diez días comenzaba un viaje inesperado… gracias a Dios con final feliz y a las "manitas de los cirujanos", que como dijo mi mujer fueron guiadas por el Señor.

Muchos somos los que hemos superado ese trago. ¡Tú también lo conseguirás! Elige cómo quieras vivirlo. Pero ten siempre fe.

Sí, hay esperanza para vencer el cáncer.

José María Azcona

Bilbao, 1967. Licenciado en Ciencias de la Información por la UPV, trabaja como periodista y consultor de comunicación hasta que en el año 2005 da un giro a su vida profesional dedicándose en cuerpo y alma a las Terapias Naturales. Es Experto en Terapias Naturales por la Universidad de Barcelona, Experto en Acupuntura Bioenergética por la Universidad Europea del Atlántico y Titulado Superior en Medicina Tradicional China y Acupuntura por la Escuela Superior de MTC.

Siempre luce el sol

Era un día desapacible, llovía. Sin embargo, a Ainhoa no le importaba, estaba feliz y tenía ganas de vivir. Pero hasta hacía poco tiempo todo estaba nublado en su interior y todos los días eran iguales, grises siempre grises…

Todo comenzó en diciembre de 2012 cuando su neumólogo le dijo que tenía cáncer. El shock fue demasiado grande, terrible. Cuando salió de la consulta, las piernas le temblaban, las fuerzas le fallaban, su vida se derrumbaba.

Pero todo cambió un día, cuando al regresar a casa tras una sesión de quimioterapia se encontró con su vecina Susana y su hija Iria. La niña había tenido leucemia y se había curado. Durante todo el proceso ni sus padres ni sus dos hermanitos, Jon y Mikel, ni la propia niña habían perdido la esperanza. Todo un ejemplo.

Iria la miró, vio que Ainhoa no sonreía como siempre y le preguntó: "¿Estás malita?". "Sí, cariño", le contestó. Entonces la niña le dio un beso y le dijo "No te preocupes, ya verás que pronto te curas, como yo". Ese beso, esa mirada, esas palabras le transmitieron la fuerza y la esperanza que había perdido. Desde entonces ya no hay días grises aunque llueva, siempre luce el sol, sólo hay esperanza, sólo hay vida.

Fundación Vencer el Cáncer

José María García Reyes

Ya participé en el I Certamen de microrrelatos "Hay esperanza para vencer el cáncer". Nuevamente esta iniciativa me entusiasma y me motiva a contribuir la certeza de que las grandes empresas se logran con iniciativas como ésta: tan llena de ilusión, perseverancia y espíritu de lucha.

Un relato maravilloso

Muchas personas se pasan largos años de su vida esperando. De niños esperan ser adolescentes. De adolescentes ser jóvenes. De jóvenes esperan acabar los estudios o conseguir un trabajo, independizarse, encontrar una pareja, tener tiempo para sus aficiones…Hasta que un día llega lo que nunca jamás han esperado: tener cáncer. Pero entonces se produce un milagro maravilloso: dejamos de esperar porque la esperanza en el día a día todo lo llena y nos dejamos llevar por su fuerza arrolladora y su compañía acariciadora. El futuro se convierte en un luminoso eterno presente, repleto de posibilidades. La palabra *aplazar* desaparece de nuestro vocabulario y ya solo se escuchan los latidos de un entusiasmado corazón que palpita diciendo: convierte tus pequeñas ilusiones en grandes historias.

Juan Carlos Canto

Mi nombre es Juan Carlos, hijo de José y de Consuelo, de quienes heredé los apellidos. Resido en Cádiz, una ciudad trimilenaria al sur, donde reside la salada claridad.

Soy hijo, hermano, amigo y "enemigo", esposo, padre y abuelo. Mi tiempo de calidad lo dedico a cuidarme yo y de mi relación con Rosa, la persona con quien comparto vida. El resto: visito y admiro, escucho y hablo, ayudo y comparto, en una palabra: amo y me dejo amar.

Mi atracción por escribir surge tras la enfermedad del cáncer en un deseo de conocerme y mostrar a otras mi percepción de la vida y mi mundología. Es más una escritura terapéutica que una literatura para ser leída.

Hay una frase que hace tiempo me impactó: "las cosas que merecen ser hechas, merecen ser mal hechas". Esta frase me da alas para reafirmarme de que puedo ser uno más en el club de los escritores, sin desmerecer.

Puñalada trapera

Cáncer, he pronunciado esta palabra y se me ha llenado la boca de dolor.

Cuando hablamos de una punzada que nos recorre las cicatrices decimos: "parece que me dieron una puñalada". El cáncer me agredió de esta sucia manera y lo tuve que respirar para volver a pavimentar la base de la salud. Me ayudaron los analgésicos, los profesionales sanitarios, las terapias y el tiempo que, inexorable y verdugo, todo lo sitúa. Compartir el dolor que me afligía, como el agua para el fuego o el llanto a la pena, fue un sedante natural. Por fortuna, pude encontrar el altavoz por el que vociferar el tormento que me producían las heridas de una enfermedad que no sabe de hermanos ni amigos, ni padres ni hijas, que no entiende de edades ni de proyectos ni de futuros, pero que, al acogerla, escucharla y expresarla, mermó su capacidad de hacerme daño.

El cáncer te duele porque conlleva muchas pérdidas. Sin embargo, afirmo que ¡el cáncer y su dolor se pueden vencer! El cáncer se hace débil ante la voluntad, el amor, el coraje, la necesidad y el deseo. Cinco valores con suficiente fuerza de curación y que son nucleares para la sanación.

Gratitud, he pronunciado esta palabra y se me ha llenado la boca de salud.

Fundación Vencer el Cáncer

Laura Roig Villalta

Mi nombre es Laura Roig Vilalta, nací en Barcelona, pero actualmente vivo en Badalona, una pequeña ciudad de gente humilde y trabajadora. Tengo 24 años y soy maestra de Primaria y actualmente, por suerte, trabajando. Me especialicé en Educación Especial y quiero formarme para ser maestra de inglés también. Estudié la formación del alumnado usando las TIC (Tecnología de la Información y la Comunicación) ya que actualmente, en nuestro mundo, las tecnologías tienen un peso muy importante, y la verdad, para qué no aprovechar esas tecnologías para llegar a dar una educación plena y satisfactoria a los más pequeños, de esta manera crearíamos espacios de aprendizaje motivacionales para ellos.

Durante mi vida, no he dejado de formarme, pues dicen que: "el saber no ocupa lugar" ¡Y tienen razón! Así que, sin más, soy una maestra de Primaria que en sus tiempos libres le encanta escribir.

Hay esperanza

A veces, las cosas no suceden como nos imaginamos, a veces y sólo a veces, ocurren como nos gustarían. Y es por esto que tenemos que seguir insistiendo, que tenemos que seguir al pie del cañón, como se suele decir, y dando lo mejor de nosotros. Ya no sólo por nuestra gratitud personal, sino por todos aquellos que apostaron por nosotros y lucharon como un equipo.

A menudo, encontramos trabas, logros que se nos aparecen como imposibles, y sobre todo momentos oscuros, de esos que, aunque te esfuerces, ni siquiera ves un atisbo de luz. Ni te desesperes, ni te agobies, ni te hundas aún más, mi querido lector. La vida es un camino lleno de trabas, de arduos paisajes y de montañas imposibles de escalar… Que tópico puede sonar ¿no? Pero ¿sabes qué?, mi querido amigo, te voy a contar un secreto: SIEMPRE hay que seguir adelante, compartir las penas y encararlas con fieles amigos como un equipo.

Somos seres humanos, nos equivocamos, pecamos de indestructibles, pero, aun así, sabes del cierto que no lo somos y, ¿sabes qué? Aquí estamos, y si estás leyendo esto es porque tienes esperanza en cambiar el arduo camino de alguien y de convertirte en su fiel compañero de viaje, si es que ya, no lo eres o lo has empezado a ser.

Leticia Álvarez

Nací en Sevilla en primavera, y creo que eso ha condicionado mi pasión por la luz, las flores y la alegría. Me licencié en Periodismo y con ello aprendí, ante todo, a pensar con más criterio y a disfrutar más del conocimiento.

Comunicadora vocacional, he escrito sobre temas políticos, sociales, ambientales, etc. Esta es la primera vez que lo hago sobre el cáncer. Soy gran aficionada a la literatura, la fotografía, los viajes y la música.

Amarilla esperanza

Siempre soñó con tener un limonero. No tan legendario ni tan popular como el de Machado, sino uno alegre que endulzara el aire de sus mañanas azules de primavera.

Hacía tres años que la negra sombra le acompañaba: sangrados en el baño, punzadas por la calle. No había tregua.

Ella seguía fantaseando con su limonero, y sabía que más pronto que tarde lo vería crecer en el jardín. Ese sol de su madurez brillaría con el mismo fuego amarillo de aquellos pequeños tesoros frutales.

Pero la negra sombra era fiel a Pilar. Amanecía y dormía con ella.

Y llegó el día en que se sintió abatida, y lloró de rabia. Y la noche siguiente lo hizo de miedo. Fue entonces cuando decidió luchar por ella, por su limonero alegre, sus mañanas azules, su sol de fuego.

Tanto se agarró a la vida, tanta fuerza reunió, que ya sólo recordó el otro significado de positivo, el de fuera del hospital. Y, sonriendo, pensó que seguiría con la radio-terapia, sí, pero pegada a la FM esta vez.

El último día que Pilar acudió a la consulta, con los primeros jazmines de su árbol guardados con mimo en un pañuelo, miró a su alrededor en la sala de espera y observó con agrado que estaba llena: llena de luz y de esperanza.

Macarena Alonso Gómez

Nace en Toledo en 1965.

Diplomada CC. Empresariales: Universidad Complutense de Madrid.

Funcionaria: Junta de Comunidades de Castilla-La Mancha.

Voluntaria: Asociación Mujeres María de Padilla, referente en la lucha contra la violencia de género.

El paraíso de las mujeres perdidas, edit. Ledoria: novela publicada en 2015

Publica relatos: revista Hermes, edit. Acen y La Esfera Cultural.

Tercer premio Certamen relatos Navidad Solidaria 2016.

El color de la vida

La tranquilidad de aquellas aguas acunaba su sueño. Sus latidos se acompasaban con el suave ritmo de otros latidos que envolvían aquel espacio ocupado por el silencio. La quietud gobernaba sus horas, otras veces la agitación le obligaba a moverse sin descanso. En su inocente existir, aún por comenzar, desconocía la valerosa misión que el destino le tenía encomendado. Habían decidido por él pero algún día se sentiría orgulloso de la decisión tomada por otros. Adrián, su hermano mayor, lo esperaba con ansia, sería su nuevo compañero de juegos y su héroe. De un tiempo a esta parte la salud de Adrián se había deteriorado. Todo comenzó siendo nada para convertirse de la noche a la mañana en una pesadilla insufrible, con la aparición en escena de un personaje inesperado con nombre aterrador: Leucemia. Aquel pequeño saludaba a Adrián con su manita y parecía sonreírle en la ecografía que su madre le había mostrado. Con su nacimiento, el milagro de la vida llegaría por partida doble: un nuevo ser abriría los ojos a este mundo y, al tiempo, alumbraría los días de su hermano, dibujando un colorido horizonte con rayos de un sol de esperanza.

Magdalena Benjumeda Frieros

Tengo 63 años y hace 6 me diagnosticaron cáncer de mama, del cual aún sigo en tratamiento. Mi madre también lo padeció y murió de esta enfermedad.

Soy aficionada a la lectura y a la literatura y participo en este certamen porque me gusta colaborar en cualquier actividad que pueda ayudar en la lucha para erradicarla.

Espero poder vivir lo suficiente para verlo.

Para luchar contra ti

Para luchar contra ti
cierro los ojos
pienso y repienso
y aparezco armada
con un cargamento de mis recuerdos.
Los veranos de mi infancia
días de sol y playa
la náusea acecha, el dolor avanza
a la nanita nana, mi abuela canta
mi gata entorna los ojos
al sol de la mañana
los besos de mi madre
mi niña asoma la cara.
Para luchar contra ti
tengo un montón de palabras.

Maitane Muñoz

Nací en Zaratamo, un pequeño pueblo sobre la cumbre de una colina próximo a Bilbao, hace veinte años. Hubiera aprendido a leer antes que a hablar de no haber tanto trayecto por recorrer y tantos pasos que dar hasta la balda más próxima. He crecido rodeada de cientos de libros e historias, todos ellos aventuras irresistiblemente singulares que he sentido propias. Estudié en el colegio El Salvador Maristas Bilbao, época en la cual participé en el Concurso de microrrelatos Jóvenes Talentos de Coca-Cola, obteniendo el primer puesto del País Vasco en la modalidad de Euskera, y el segundo de Vizcaya en la de Castellano. Asimismo, obtuve el segundo premio en el Concurso de microrrelatos Ana Mª Aparicio Pardo en 2010.

En la actualidad soy estudiante de tercer curso de Física en la Universidad del País Vasco (UPV-EHU). Irónicamente, fue durante una clase de Lengua y Literatura donde descubrí la Física, de la mano de un breve texto sobre la figura de Marie Curie. La capacidad de entrega, dedicación y vocación de la célebre física en su empeño por lograr, a través de la comprensión de las bellas leyes de la naturaleza, un mundo mejor, sigue siendo a día de hoy, como lo fuera hace varios años por primera vez, la fuerza motriz que me inspira en mi empeño por comprender el mecanismo que rige el universo.

Cantares

Mira melancólica los baldosines irisados del baño salpicados de hebras doradas, y saluda con solemnidad a sus queridos soldaditos caídos en batalla, héroes de una causa mayor. Piensa en la guerra que se libra en su cuerpo: surcos y trincheras, cientos de campos minados. Suspira abrumada ante la perspectiva de un nuevo ataque. El silencio no hace sino acentuar los rugidos feroces de un monstruo que se rebate implacable al son del pretérito perfecto simple del verbo recidivar, sitiado en las cavernas ruinosas de un reino ilegítimo.

Se acaricia delicadamente la sien recorriendo con los dedos los estragos de una lucha inconclusa, allí donde la piel desierta se ensortija en largas espigas de trigo, y enciende de nuevo la maquinilla. Sus mechones dorados caen en un lento vals, sabiéndose paracaidistas sin vocación. Suspendidos en el aire, ve evanescer el miedo y la congoja, que aterrizan abruptamente en el suelo para desdibujarse en el recuerdo. Se siente ligera. Resuena a lo lejos el eco de una nueva batalla, y ella alza valiente su estandarte, bramando enfervorecida sobre el dolor y la enfermedad.

Y se repite, como tantas otras veces, que sólo es vencido aquel que cree serlo.

Manuel López Borja

Nacido en Barcelona, a mis cuarenta años intento realizar un sueño, ese sueño es ser escritor. Soy un hombre que estudió Integración Social y que actualmente trabaja como administrativo en una empresa de transportes. Estoy casado hace once años y tengo una niña de dos años y medio. En mis ratos libres me gusta escribir relatos cortos y los publico en un blog que hace unos meses di a luz. Escribo porque me hace feliz. Escribo porque cuando pongo el punto y final me siento la persona más afortunada del mundo y eso me hace seguir vivo.

Comienza mi guerra

Llevo treinta años en el ejército y nunca he sentido el miedo. Recuerdo a mis compañeros temblar mientras sobrevivían bajo una violenta lluvia de balas y metralla. Hoy noto el aliento del miedo en mi espalda. Siento su mano fría en mi hombro recosido a balazos, mi único enemigo es el tiempo, que me susurra al oído y de pronto me siento como un niño.

Cambié el ruido de las bombas por las obras de la esquina, las sirenas antiaéreas por el ruido del tráfico ensordecedor, las lágrimas de los niños de la guerra por el llanto de un bebé una noche de tormenta. Tengo miedo, empiezo una nueva batalla y no puedo dejar temblar.

Llega el momento, abro la puerta y lo primero que veo son unos negros butacones alineados a modo de pelotón de fusilamiento con dos víctimas del destino.

A un lado una mujer de avanzada edad, su nombre Soledad, al otro una niña con un pañuelo rosa cubriendo su cabeza, su nombre, Esperanza. Cierro los ojos y me dejo llevar. Siento como alguien me coge fuertemente mi mano izquierda y a continuación sucede lo mismo con la derecha. Rodeado de Esperanza y Soledad lucho por ganar la batalla más difícil de mi vida, una batalla donde las medallas desaparecen de mi pecho y solo me queda rezar.

Manuel Morán González

Manuel Morán González, ha compaginado su profesión de magistrado en España con la de experto en cooperación para el desarrollo de sistemas de Justicia en países de América Latina, Europa del Este y África. Su actividad literaria, con libros de prosa y poesía publicados esencialmente en la colección Devenir, Madrid, que dirige Juan Pastor, contiene títulos tales como *Cantata del Solitario*, *Pasión y Muerte de un Heroinómano*, *Seis Relatos Casi como de Amor*, *Al hilo del Quijano*, *Tocado de la rutina* y *Las Cinco Letras de Aquel tu Nombre*. Asimismo ha publicado en Amazon el libro de prosa poética *Esa ceniza en otro tiempo fue una madre* y el cuento *Un patojo no muy distinto a vosotros*.

Conjetura

Como un amago incierto, barrunto de algo pernicioso que sin saber bien por qué cada vez se le hacía más evidente, le iba creciendo un discreto bulto en el pecho; que no le hizo acudir al médico, para hacer así por siempre de la palabra cáncer una mera conjetura.

María Ángeles Ruiz

Nací como Mª Ángeles y crecí como Marian hace 56 años en un pueblo de Guipúzcoa: Oñati, donde recalaron mis padres, emigrantes de su Jaén natal. Siendo adolescente, obtuve un primer premio en un concurso provincial de narrativa y otro de pintura al óleo.

Atrapada por las palabras y la belleza en su sentido más amplio, estudié Filología Hispánica y Arte y Decoración. Entre las reformas y la decoración de interiores han transcurrido 27 años de mi vida.

Llegué a Madrid en el año 1997, en 2002, hice una incursión editorial (Editorial Jardín). Dos años de felicidad redactando artículos y reportajes.

Regresé al mundo de la decoración y de la reforma hasta un 8 de febrero de 2008 en que me intervinieron por un cáncer de colon, al que siguió un tratamiento de quimioterapia. En 2009, ya recuperada, decidí retomar la profesión por mi cuenta y es muy probable que de no haber sido por la crisis hubiera continuado así.

Hace poco más de dos años y con la última reforma empecé a desinteresarme del mundillo. Las letras seguían llamándome y volver a ellas era entonces o nunca. Volví.

El día que morí

El 8 de febrero de 2008 morí. Ninguna muerte tan definitiva. ¡Qué osadía pensar que yo estuviera libre! Fue como chocar contra un muro conduciendo a mil.

Morí, sí, a un modo de ser yo.

La vida se tomaba todo tipo de molestias para hacer que me encontrara conmigo misma. Ella tiene esas formas extrañas de invitarnos a levantar las alfombras de nuestros simulacros y engaños. Aunque aquello tenía trazas claras de obligación.

Y dependía de cuánto le exigía a ella yo.

Ocho meses, una línea interminable entre la operación y la quimio subsiguiente, un garabato de conmoción, desconcierto, frustración.

Resignación, no; en ningún momento hubo resignación.

El 22 de septiembre solo quedaban residuos de mí. Miraba incrédula a un lado y a otro en busca de nuevas amenazas y me asombraba de que la puerta de salida continuase abierta. ¿Habría alcanzado la otra orilla?

Solo entonces fui consciente de la trascendencia de lo que podía perder y de la hermosa tarea que tenía por delante. Algo había empezado a abrirse paso de manera imperceptible y me hacía reconocer el valor de mis anhelos, de mi fuerza de voluntad. Estaba saliendo de una emboscada.

Con una cicatriz pero con alas, lista para empezar a volar.

María Centeno

Soy María, vallisoletana de 43 años. Cuento con un importante grupo de hermanos, sobrinos y amigos con los que comparto mi vida.

Mi tiempo "atado" lo dedico a trabajar en la Consejería de agricultura y ganadería de la Junta de Castilla y León, y el libre lo disfruto viajando, de vinos, leyendo, paseando… y siempre que puedo, bañándome en el mar.

Soy voluntaria de la A.E.C.C. y confío que juntos lograremos que la esperanza llegue a todos los azotados por esta maldita tormenta.

Un día soleado en un lejano país, navegaban mecidos por la suave brisa, cuando el mar se embraveció y un fuerte viento les hizo perder el control.

Desesperados, sin nada a lo que aferrarse, Juan y su hermano entrelazaron sus manos y se abandonaron entre truenos y golpes de mar.

Cuando abrió los ojos, sonrió, pero al verse solo, sintió una punzada en el corazón y se encogió en aquella arena que se elevaba desde la orilla en una gran duna, sin alcanzar la vista más allá.

Al fin se levantó y en el costoso ascenso recordó cómo Juan leía a Robinson y se animó pensando que con lo que encontrara, podría salvarse y regresar en su busca.

Pero sus pensamientos se estrellaron al comprobar que la diminuta isla donde había ido a parar, estaba aún humeante (quizá un rayo de la maldita tormenta). Arrasada, sin rastro de árbol ni animal.

Sólo veía agua, arena y cenizas, así que lloró hasta que el cansancio y el sonido de las olas lo sumieron en un profundo sueño lleno de pesadillas, sin saber que protegidas por unas rocas, unas pequeñas zarzamoras estiraban su tallo hacia el sol, y sin intuir que, entre luces de faros, un mensaje surcaba los mares de barco en barco: "S.O.S.: busquen a mi hermano, sé que sobrevivió".

María Domitila Domínguez Bravo

Nací en Madrid el 21 de Enero de 1984. Con seis años mi padres se jubilaron y nos mudamos a Zamora, pasando los veranos y cualquier día que no hubiera cole en las montañas de Sanabria. A los 18 regresé a Madrid para estudiar Ingeniería Aeronáutica en la Universidad Politécnica. Actualmente estoy haciendo unas oposiciones para Aena.

Hay esperanza

El día que cumplí siete años me tomaste de la mano y juntos nos elevamos.

Sobrevolamos páramos y bosques, cumbres, desiertos y ciudades.

Y a ratos descendíamos y jugábamos con el agua de ríos y estanques.

Y volvíamos a ascender mientras el viento me susurraba historias de príncipes y caballeros.

Vimos amaneceres en montañas y atardeceres sobre mares y lagos. Y tu mano siempre estaba junto a la mía.

Cuando cumplí nueve años mi cuerpo se debilitó, mis cabellos desaparecieron.

Permanecí quieto, parado, asustado.

Anhelaba el sonido del viento en mis oídos, el aroma de las flores de nuestros páramos.

Pasó un otoño y varias primaveras y el frío del invierno me trajo vida y esperanza.

El día que cumplí doce años tomaste de nuevo mi mano y juntos nos elevamos.

Y volvimos a sobrevolar páramos y bosques, cumbres, desiertos y ciudades.

El viento jugaba con mis cabellos y yo cantaba y tú me mirabas sonriendo.

Y volvimos a ver el amarillo del amanecer y el rosa del atardecer. Y tu mano siempre estuvo junto a la mía.

María Redondo

Nacida en Madrid 1972.

Me he criado en Madrid. Ahora resido en Segovia.

Mi trabajo es en el sector sanitario por muchos sitios Madrid, Castilla y León, Castilla la Mancha, Aragón…

Y desde pequeña me ha gustado escribir, sobre todo poesía…

Buenos días, mamá

Hoy he decidido que quiero escribirte una líneas, no creo que sea capaz de explicarte lo que siento y mira que muda no he sido nunca.

Una mañana me contaste que tenías: la sangre, la pérdida de peso y yo mejor que nadie sabía lo que significa cáncer, cáncer de colon.

Ya no pensé ni razoné nada, eras tú, mi madre, la que pensé que podía morirse, hubiera querido ser yo, pero sabía que podía ayudarte, solo pensaba en cómo salvarte hasta volví a rezar…

Mami, recuerdo el alien, qué grande era, pensaba en cómo no me había dado cuenta antes, en que nada de lo que sé servía porque eras tú, la que estaba enferma, tú.

Solo de pensarlo me dolía el alma, solo de pensarlo ahora me sigue doliendo el alma. No quiero perderte, sé que es ley de vida, pero no quiero perderos.

Gracias a la esperanza, la medicina, el amor, la cirugía, las ganas, la quimio, tu sarcasmos, gracias a dios o a la suma de todos estás aquí. Y puedo abrazarte, puedo, hoy puedo seguir diciéndote: Mama ¡te quierooooo!

Tienes que saberlo, sé que a veces las cosas no han sido fáciles, nos hemos equivocado, tropezado, hemos vivido muchas cosas, ¿verdad?

Pero sé que lo sabes… que te adoro, que te adoro mami.

María

Pd. Y papa qué buena enfermera…

Mercè Piera

Nacida en Barcelona, (1968) médica que ha vivido y vive el cáncer, desde la teoría de las clases, la investigación en el laboratorio así como junto la lucha y la esperanza, tanto de pacientes como de familiares y amigos. Escribo para que el conocimiento médico esté al alcance de todo el mundo. En mis ratos libres, leo, canto en una coral y bailo zumba con mi hija.

El hilo de Ari

La pequeña Ari cerraba los ojos y soñaba que era Ariadna entregando a Teseo un hilo para atar a la entrada del laberinto del Minotauro y así, tras matar al monstruo, su amado pudiera desandar el camino guiado por el hilo.

La insaciable curiosidad de Ari por todo lo que la rodeaba, la hizo volar tan alto que como a Ícaro, el sol derritió sus alas y su frágil cuerpo cayó en el mar de la leucemia.

Echada en la cama mantenía la vista fijada en aquel contradictorio goteo de veneno que cura. Cerró los ojos, y se transformó de nuevo en Ariadna buscando a Circe. La diosa acarició la bolsa de quimioterapia, llenándola de microscópicos peces de colores que nadaron por la corriente sanguínea de Ari, devorando hambrientos cualquier resto de malignidad.

La recaída años después fue peor. Los ojos de Ari se cerraron solos y se encontró perdida en el maldito laberinto. Empezó a andar por los sinuosos pasillos guiada únicamente por la esperanza. Hasta que tropezó con el hilo de Ariadna. Siguió entonces el camino marcado por el hilo y al hallar la salida, se encontró a sí misma con una victoriosa sonrisa. Miró por última vez el hilo de Ariadna y vio por primera vez el hilo de Ari.

Miriam López Real

Tiene 13 años y es una chica, nacida en Cuenca, España el 15 de diciembre de 2001. Cursa sus estudios en el IES "San José", 3º de la ESO. Vive con sus padres y su hermana mayor. Es una chica a la que le gusta leer y sobre todo escribir. Escribe este relato (totalmente ficticio) para que las personas lo lean y se animen.

Cuando te diagnostican cáncer es como cuando tienes un examen. Al principio, estás mal, porque piensas que tienes que estudiar mucho y que puedes suspender, y lo pasas mal. Pero, luego, piensas: "Voy a intentarlo, voy a aprobar", pero cuando ves todo lo que entra en el examen... te desanimas. Por suerte, las personas que están a tu lado te animan para que estudies, para que apruebes. Una vez que empiezas a estudiar ves que va a ser muy difícil aprobar, pero no solo te puedes centrar en estudiar, divertirte.

Con el cáncer pasa lo mismo. Cuando te lo diagnostican lo pasas mal, porque piensas que no vas a pasártelo bien y, encima, sabes a lo que estás expuesta para curarte… Por eso, te desanimas mucho. Pero, por suerte, tienes a las personas que más quieres a tu lado y eso te da fuerza para que sigas adelante. Cuando te ponen en tratamiento, crees que va a ser muy difícil y complicado, pero no pienses en tu enfermedad todo el rato. Diviértete y despeja la mente.

Yo no conozco tu historia, pero hay algo que realmente sé de ti: que eres una persona muy fuerte. Y recuerda que, pase lo que pase, por muy dura que sea tu vivencia o por muy difícil que te lo ponga la vida, no debes olvidar que siempre hay esperanza.

María Jesús López Ortega

Nace en Castrojeriz (Burgos) el 20 de Abril de 1966.

Tiene dos hijas. Ha trabajado como responsable de comunicación y en medios, sobre todo en la radio.

Además ha cursado estudios de piano durante siete años.

Una historia pequeña

Invierno de 1972, mis padres nos reunieron a los cinco hermanos, para contarnos que mi madre tenía cáncer de pecho.

Operaciones, radioterapia, cansancio…aunque, en mi mente infantil, mi madre era un ser inmortal y, durante 14 años, no quise ver a la muerte rondando cerca.

El mundo me traicionó a su muerte y el mundo volvió a jugarme una mala pasada, cuando me detecté un bulto en la mama izquierda: "blanco y en botella".

Tengo 50 años y llevo dos con cáncer. Sigo en la lista de espera de la reconstrucción del pecho, pero disfruto de una bendita inconsciencia, o puedo llamarlo optimismo vital. Me preocupo lo justo o menos aún, y cuando me preguntan por mi salud sigo respondiendo "Muy bien, estupendamente, nunca estoy enferma…". Porque en mi agenda no hay hueco para la enfermedad, pero…. espera, sí, tengo cáncer, claro…

Estoy enferma, cierto, pero estoy viva; y si algo he aprendido es que de nosotros depende afrontar la vida con alegría o con lágrimas. No puedo cambiar el pasado, pero voy a cambiar el futuro. Y seguiré viviendo en el recuerdo de mis hijas. Quiero ser un recuerdo alegre y activo, nunca un recuerdo enfadado, gritón, malhumorado o triste.

Fundación Vencer el Cáncer

Mónica Monte Barberá

Licenciada en Bioquímica por la Universidad Complutense de Madrid, se dedica actualmente a la docencia en el sector privado. Interesada en las Terapias Alternativas, es experta en Coaching Kinesiológico por la Fundación Europea de Medicinas Alternativas. Fundadora del proyecto "Toledo Vence el Cáncer" en su ciudad de origen, donde apoya a la Investigación Oncológica a través de la recaudación de fondos en numerosos eventos solidarios. A raíz de la experiencia vivida cuando pierde a su padre por un cáncer de páncreas tras dos años de enfermedad, su filosofía de vida gira en torno a la comprensión y aceptación del proceso del Cáncer.

Te diría tantas cosas

Cinco días antes de emprender su último viaje, conversábamos durante horas entre intervalos de pausas obligadas. Era tal su nivel de dolor que, por momentos, parecía desfallecer. De vez en cuando regresaba a su lucidez y continuábamos, como si ningún ángel hubiera pasado.

Fueron espacios de tiempo llenos entre tanto vacío. Me tumbaba en su cama y le recordaba viajes, personas y anécdotas, que él disfrutaba comentando. Mientras relataba sus batallitas, yo me dedicaba a grabarle para guardar su recuerdo por siempre. Hay a quienes les desagrada recordar a sus seres queridos en sus últimos momentos, sin embargo yo no encuentro mayor acto de amor que recordarle así, en lo peor, y todo lo que eso nos aportó.

Jamás olvidaré esas eternas tertulias en las que, al repasar su vida, olvidaba el dolor, y yo aprendía. Aprendí a aprovechar el tiempo más que nunca con él y conocerle mejor. Nunca es tarde, dicen, y yo recuperé a mi padre en su final.

−"Perdóname por todas las veces que no te entendí. ¿Hay algo que me quieras decir?"

−"Estás perdonada, hija. Te diría tantas cosas…"

Y no hacía falta que me las dijera, las sentía por fin.

Noelia San José Villa

 Nace el 4 de enero de 1989 en el seno de una familia humilde.

Aprendió a leer a la tierna edad de dos años y es una afición –mucho más que eso para ella– que le acompaña desde entonces, teniendo entre sus favoritos los clásicos de la literatura.

Además de su pasión por la lectura, dedica también sus ratos libres a tocar el violín y a pintar a carboncillo.

"Cuando nada parezca edificarse y sólo exista el derrumbe, el temblor al borde de la boca, ahí estaré."

Hoy abandonamos el desgaste de una lucha en la que ganó la vida.

Doctores y palabras esdrújulas como metástasis hacían que me rompiese por dentro y el cáncer engullera los pedazos. Tumbada en el suelo del baño sentía el frío de las baldosas y dejaba a mi dolor oscurecerme.

Aún conservas el cuaderno que escribí con letras párvulas. Me encuentro con páginas como aquélla en la que digo que el dolor se apodera de mí con sus raíces más profundas pero tú no puedes ni podrás alcanzarme. Pero aun cuando no podía sostenerme quería ser tu sangre, la piel de tu cuello y te dejaras vencer conmigo, más en esos momentos me mecías como a una niña y sin darte cuenta me hacías fuerte: todo saldrá bien.

Ese "todo saldrá bien" se convirtió en mi mantra y ha sido mi amuleto de la buena suerte: tras cubrirme los oídos para traer sólo tu voz, verte sonreírme con el pulgar levantado ha sido una inyección más efectiva que todo el proceso de quimioterapia.

Retomo la costumbre de derramarme en la frialdad de las baldosas pero ya no imagino que el tósigo, hundido entre mis vértebras, devora mis lágrimas porque no existen.

Nora Marrone

La Dra. Marrone es oncóloga desde 1985, trabaja en el servicio de oncologìa del CEMA Mar del Plata, Argentina, miembro de la Asociación Argentina de Oncología Clínica. Coordina el proyecto "Arte y Oncologia Trazando Puentes", en el cual los pacientes pintan cuadros mientras realizan su quimioterapia en el hospital de día.

Hay esperanza

Estaban las emociones perturbando la mente de una mujer, que esperaba por primera vez al oncólogo.

- ¡Por Dios! - irrumpió el miedo. -¡No me quiero morir!

- ¡Esto es un error! - decía la negación.

- ¿Por qué a mí? - gritaba la ira.

La esperanza observaba la triste mirada azul de la mujer.

El doctor, con una cálida sonrisa la hizo pasar al consultorio, tomándole la mano, fría y húmeda.

- Tengo cáncer de mama, ¿moriré?

- No, no morirá.

- ¿Cómo lo sabe? Usted no es Dios.

El doctor leyó los estudios en silencio, la revisó, y le dijo:

- Laura, luego de la cirugía y la quimioterapia por un año, tiene posibilidad de curarse.

- No, usted sólo quiere engañarme.

El doctor pensó unos minutos y le contó una historia.

-A los 4 años tuve leucemia aguda. Sólo quería morir, pero veía a mi mamá angustiada. Pensé que si aguantaba el dolor, iba a ayudar. Cuando me pinchaban, sonreía, así mama no lloraba. Con los remedios sentía asco al helado, pero comía para estar fuerte. Al año me curé, y mamá no lloró más.

Laura miró compasiva a ese, su doctor para siempre, y preguntó:

- ¿Qué tengo que hacer, doctor?

-Debes saber que hay esperanza y tendrás que sonreírle a la vida, del resto me ocuparé yo.

Fundación Vencer el Cáncer

Paqui Villa

Nací hace 54 años. Me casé joven, a los 23, mis mayores tesoros, mis hijas, nacieron hace 28 y 22 años respectivamente. Me gusta mucho cocinar, escribir, viajar, pasear por la playa y estar con la gente.

Soy alegre, amante de la naturaleza, los animales... en resumen de la vida en toda y cada una de sus formas. A los 46 años, (quince días después de morir mi tía paterna de cáncer de ovarios) me diagnosticaron un cáncer de mama que cambió mi vida... y la de todos mis familiares, pues gracias a que me metí en todo tipo de estudios y ensayos (cualquier cosa que pudiera ayudar a investigar el cáncer) descubrí que en nuestra familia teníamos una mutación genética, somos BRCA 2. Mis hijas son negativas las dos.

Debo decir que el cáncer me abrió los ojos a miles de cosas que antes ignoraba. Quisiera decir a todos los que lo sufren que la botella siempre debe estar llena... y que nunca hay que bajar la guardia. Hay que ser positivos hasta en los peores días. Mucha energía y fuerza.

Después del tratamiento

Llegó la primavera y aprendí a amar cada rayo de sol, cada brizna de hierba, cada flor del paseo matutino, el olor de la tierra mojada, la humedad del aire marino tan suave en las primeras horas del día de un verano que ya se intuía. Aprendí a apreciar cada respiración, cada abrazo, cada amanecer…y aquella sensación de terror que sentía en la boca del estómago comenzó a suavizarse

Me rodeé de gente en parecidas circunstancias y descubrí que se puede salir, que se puede ganar, que la vida te da otra oportunidad si tú la quieres y luchas por ella. Hoy sé que hay mucha gente trabajando para que podamos vencer a esta peste de nuestro siglo, que hay que ser positiva, que hay que amarse mucho, que hay que vivir y ser feliz cada segundo. Hay que creer en nosotras y en los demás, hay que agradecer, hay que amar, hay que sentir, hay que ayudar. Siempre habrá problemas, pero también hay soluciones… Yo descubrí que hay esperanza para vencer el cáncer; una esperanza que disfruto desde hace ocho años y que pienso seguir alimentando cada minuto de mi vida.

Fundación Vencer el Cáncer

Pedro Vaquero Marcos

Nació en Madrid hace 44 años. Hace un año se embarcó en el proyecto "5 libros 5 causas" con el que publicará 5 libros y los donará a 5 ONGs distintas. Ya ha publicado 2: "La vida en positivo", que ha sido durante meses el nº1 de Amazon en la categoría de cuentos, y acaba de publicar "Colección de sueños". Fue ganador del 1er concurso de relatos sobre Alzheimer organizado por AFAGA y finalista del Concurso de Relatos y Viajes solidarios organizado por la Fundación Juan Bonal.

Déjame que te cuente

Era una fría mañana de diciembre, nunca lo olvidaré. Deambulaba inquieto por la sala de espera haciendo un recuento de mi vida cuando una enfermera pronunció mi nombre. El doctor me miró, y antes de que abriera la boca, supe lo que me iba a decir. Es lo que tiene la buena gente, que no necesita las palabras para comunicarse.

Empecé el tratamiento de inmediato y le siguieron cuatro intervenciones y cincuenta y seis sesiones, ni una más ni una menos. Casi tantas como personas con las que me crucé y a las que oculté mi enfermedad. Así hasta que mi pelo me abandonó y se llevó mi vergüenza con él.

- Abuelo, la redacción tiene que ser breve. ¿Quieres que escriba algo más? -preguntó Jorge.

- Sí hijo, escribe que ya han pasado más de treinta años desde aquella fría mañana y que no hay día que al levantarme no piense en aprovechar cada instante al máximo. Que hay que ser positivo, especialmente cuando piensas que no tienes ningún motivo para ello, poner toda la energía en el presente, y no pararse ni un momento a hacerse preguntas sin respuesta. Eso fue lo que me curó. Bueno, eso, y el amor de tu abuela.

Fundación Vencer el Cáncer

Rafa Sillero Fresno

Rafa reside en Córdoba, donde ejerce como divulgador cultural. Ha participado en talleres de creación literaria, principalmente impartidos desde la Asociación Mucho Cuento, dando así rienda suelta a una de sus prácticas preferidas.

«Es bonito encontrar la oportunidad de hacer algo que te gusta y que conlleve un fin solidario».

Despertar #1

- ¡Vamos, perezoso!
- Cinco minutitos más, porfi.
- No te hagas el remolón…
- He tenido un sueño feo… Estábamos todavía en el hospital.
- Solo tendremos que volver para las revisiones. Verás que todo va bien. Y además podrás saludar al doctor Sainz, que siempre te tiene una sorpresa preparada.
- Es muy bueno con todos los niños de la unidad. Tengo que hacer el dibujo que le prometí.
- ¡Hoy puedes empezarlo! En un rato vengo y te levantas. Tienes que desayunar bien para coger con ganas las tareas del colegio.
- Vale mami. Hace buen día, ¿no? El sol entra por las rajitas.
- Una mañana preciosa.
- Antes de irte sube la persiana, déjala por la mitad. Quiero ver entrar la luz del primer día.

Rosa Pérez Rodríguez

Aunque he tenido muchos trabajos ocasionales en mi primera etapa laboral (de los 17 a los 22 años) mi pasión por las letras desde pequeña ha sido decisiva en toda mi vida profesional. Los trabajos más importantes que he desempeñado han tenido siempre algo que ver con los idiomas, de un modo u otro, y me gusta poder decir que esta pasión o afición ha formado parte de mi vida siempre.

Actualmente me dedico al turismo pero también soy correctora profesional de ortotipografía y estilo.

Asisto a clases de Narrativa en el Ateneu Barcelonès, en Barcelona, con Rosa María Prats como profesora.

Hay esperanza

Solo tú has sido capaz de hacer cicatrizar la herida de mi vientre estéril y llenar su vacío con tu sonrisa, tan blanca, tan infinita. Tu mirada prudente se adentra en mi corazón, de donde has surgido, donde ya has ganado tu lugar, el que estaba reservado para ti. Tus manitas lo acarician y lo envuelven y lo besan. Mi corazón. Tus dedos oscuros recorren el relieve de la marca que se difumina mientras tu presencia crece. Y me hechiza, y me alegro tanto de tenerla, porque tú estás aquí porque ella está ahí. Hemos ganado, cada uno nuestra batalla. Ahora somos más fuertes, porque yo era para ti y tú para mí. Así tenía que ser.

Sagrario García Sanz

Mi nombre es Sagrario, tengo 37 años y soy licenciada en Psicología. Me especialicé en Formación y Nuevas Tecnologías y desde hace 12 años me dedico a la formación eLearning.

Hace año y medio me diagnosticaron un cáncer de mama lo que ha supuesto varias operaciones y un tratamiento con quimioterapia, ahora me encuentro fenomenal y he decidido dedicarme a lo que más me gusta: leer y escribir. He creado un blog con mis opiniones y relatos y he empezado a escribir mi primera novela.

Hay esperanza

Me encontraba al pie de la montaña tratando de vislumbrar cómo coronaría la cima, sabía que estaría acompañada pero yo tendría que ir al frente y recibir de cara todas las adversidades que surgieran. No había elegido tal nivel de dificultad, me había venido dado, sin embargo mi optimismo y fuerza de voluntad me hacían sentir ganadora.

El inicio del ascenso comenzó provocándome heridas, pero me recuperé y me preparé para el tramo más duro del recorrido. Pensé en echarme atrás, pero una vez tomada la decisión y dado el primer paso, decidí que no había vuelta de hoja. Llevaba buen ritmo mientras me iba adentrando en el corazón de la tormenta y, una vez inmersa en ella, ésta se adueñó de mi fortaleza física casi al completo. Con las pocas fuerzas que me quedaban afronté la fuerza del agua y del viento hasta que pasaron las duras inclemencias y por fin escampó, entonces yací agotada.

Tras el periodo de recuperación resurgí como el Ave Fénix de mis cenizas y retomé con ilusión el camino para llegar a la cima, ahora disfruto del plácido descenso y de mi inminente llegada a las llanuras. Ya he recuperado la fortaleza física, pero la perseverancia y fortaleza mental siempre permanecieron intactas.

Fundación Vencer el Cáncer

Sandra Saliente

Soy farmacéutica y vivo en Murcia.

El cáncer se llevó a mi padre hace apenas cinco meses, así que este microrrelato que presento se lo dedico a él, por todo el miedo, la rabia y la pena que pasamos juntos y toda la esperanza que supo contagiarnos.

Incansable esperanza

El miedo se había instalado en casa y podías encontrarlo en cualquier rincón, en el calendario, en la boina colgada del perchero o en lo que antes era el frutero, ahora repleto de medicinas.

La pena también logró colarse, empeñada en abrir de par en par los álbumes dónde otros tiempos mejores reían y bailaban como si nada malo fuera a ocurrir jamás.

La rabia, más astuta, sólo se dejó ver en el agujero que una patada había abierto en la puerta de la cocina.

Alguien llamó al timbre pero ninguno tenía el ánimo para visitas.

-Vaya, parece que llego tarde, ya se han hecho fuertes- se dijo Esperanza-. Activemos el Plan B.

Se agazapó entre las fibras del ADSL y aprovechando un mail que llegó a la bandeja de entrada, Esperanza llegó a casa.

En dos minutos terminó su tarea: cerró el álbum atrapando dentro a la pena y lo sustituyó por un catálogo de viajes. Tapó con plastilina blanca el agujero de la puerta y sustituyó por el sombrero de un disfraz de pirata la boina del perchero.

Lo logró, aunque suponía que volverían. Tendrían que aprender a vivir todos juntos, el miedo, la pena, la rabia… pero ella, incansable Esperanza, estaría ahí cada vez que hiciera falta mantenerlos a raya.

Sergio Pardo

Nació en Madrid el 3 de julio de 1979. Ganador del primer premio del concurso juvenil nacional e internacional «Mari Puri Express» en 2001 y 2002 en poesía; participante en la antología poética *Latidos de la Vida* de Libróptica (2013); participante en la antología de relatos *Generación Subway III* de Playa de Ákaba (2016). Miembro de la Asociación de Escritores de Madrid. Títulos publicados: *Fragmentos* y *En las entrañas de un ángel caído*, publicados por Éride.

Digan lo que digan

En su rostro se dibujó una sonrisa, y su reflejo le correspondió con otra de similares características. No importaba haber engordado, qué más daba la carencia de cabello, solo son detalles insignificantes.

Se apartó del espejo, sin pararse a valorar su aspecto físico; hoy por hoy, poseía lo más hermoso que se puede poseer, más allá de la apariencia. Tras meses de intensa lucha, no cedió en la batalla, no flaqueó, a pesar de las adversidades que se le presentaron, y venció al intruso que trataba de asolar su interior. Se sentía más dichosa que nunca, afrontando cada instante como un nuevo nacimiento, pues como tal lo consideraba.

Embriagada, con sus emociones a flor de piel, envuelta en un mar de onírico oleaje, disfrutaba como una niña de cada cosa que veía o hacía, como si fuera la primera vez que las experimentaba. Cada mínimo detalle le aportaba un inmenso positivismo. Su espíritu blandía la bandera de la victoria.

Es una mujer nueva. Renovada, mejor dicho. Optimista, soñadora y feliz. Hay esperanza. Lo tiene claro. Ahora más que nunca, tras haberlo vivido en primera persona. No hay nada mejor que saber que, digan lo que digan, hay esperanza para vencer el cáncer.

Fundación Vencer el Cáncer

Sergio Piña

 Nació en Madrid en el 96 y sigue viviendo por todas sus calles, quiere hacer arte con las manos que le dieron sus padres y estudia Bachillerato; tuvo todo lo que quiso entre algodones pero nunca se sintió satisfecho.

Empezó a escribir porque el desamor supuso un desastre que no sabría cómo organizar y era más fácil escribir para recuperar la comodidad. Ahora escribe para mimar sus heridas sin necesidad de mercromina ni saliva.

Su poesía es un discurso claro: el del egoísmo y el amor propio. Crudo y adornado por espinas de muchas flores.

No sabe dónde está el niño de su infancia ni el adulto de mañana, mientras tanto se cuelga de hombres para ser objeto de halagos. Puede mejorar pero hoy solo quiere bailar.

Tenemos heridas de poder

Recuerdo tocar las sonrisas de mis abuelos antes de que volasen las alas de tantas mariposas.

Una vida no se encuadra en cuatro paredes blancas antisépticas tiene el sabor de fruta fresca, manos vecinas y besos de bienvenida.

Hemos forjado héroes en batallas, que cambiar el escenario a los hospitales será salir ilesos de ellas.

Pensar en verde esperanza como color que lleva vuestras caras, vuestras vidas enteras, de principio a fin. La de vuestros hijos y los de los suyos.

Hay muchas botellas que descorchar con las manos alegres de una experiencia.

No se camina solo desde que todos nuestros pasos van a una dirección, a una meta donde dejar la cabeza al descubierto.

Seremos vencedores de nuestro propio cuerpo, el motivo de un par de heridas de poder.

Fundación Vencer el Cáncer

Vicente Vázquez

Tengo 67 años, soy funcionario público, del Cuerpo Cuperior de Estadísticos del Estado. Trabajo en la Dirección General de Universidades e Investigación, de la Comunidad de Madrid y soy aficionado a escribir novelas, aunque no haya publicado aún ninguna de las tres que tengo escritas.

En este momento estoy escribiendo un relato por entregas que tiene por objeto celebrar las bodas de oro de los amigos de mi generación. A partir de una típica reunión de antiguos amigos, pasan cosas que tienen que ver con su pasado y que condicionarán su futuro de una forma inesperada, en clave surrealista y no exenta de cierta truculencia dramática que no mete miedo a nadie.

Aprender a morir

Llegué a tiempo a la estación.

Bajo la pálida luz de la luna, el tren discurría entre el origen y el fin de la vida. Quería sentir cada instante como las aguas de un pantano.

-"Moriré joven".

Esa fue la Impostura romántica que siguió diciendo en la adolescencia. Puso tanto empeño que iba a salirse con la suya.

Visité un vidente. El visionario, tras contemplar la foto, me dijo que el cáncer estaba muy avanzado y no había nada que hacer. Me proporcionó una botella de agua y me aconsejó que se la tomase a pequeños sorbos, varios días; tan insignificantes que un litro bastaba para una semana.

Le conté el asunto. Me dio las gracias y dijo que seguiría las instrucciones al pie de la letra. El agua tenía un sabor especial, que le hacía sentirse bien y le impulsaba a seguir tomándola.

-¿Te hace falta un confesor?

-Siempre supe que mi vida era una estrella fugaz. No lo necesito.

Al fondo del andén me estaban esperando. Comprendí que había muerto. Aguanté las lágrimas. El entierro tuvo lugar el día de todos los santos. Hacía frío, lucía el sol y el cementerio era un jardín multicolor, lleno de flores frescas recién colocadas sobre las tumbas.

Fue la última vez que le di las gracias por enseñarme a morir.

Yésica Felipe Simón

Tengo 27 años. Vivo en Tenerife, soy Integradora Social y estudiante de Trabajo Social.

Actualmente, estoy en remisión de un Linfoma de Hodgkin. Cuando fui diagnosticada no me encerré en mi, al contrario, hablaba con la gente de mi experiencia y, entre otras cosas, empecé a escribir. Pues, es una de las mejores formas de desahogarse.

Siempre me ha gustado escribir, las palabras son el legado que dejamos a los que quedan, construyen pensamientos y transmiten sentimientos. Por eso me anime a participar en este certamen. Por aportar algo y de alguna forma, transmitir ese sentimiento de Esperanza a los y las que aún siguen en la lucha.

Esperanza

Esperanza es esperar un resultado diferente a lo esperado. Es un presente improvisado y un futuro que no se había soñado, no se había acordado ni planeado.

Esperanza es recordar cada instante con añoranza y quitarse la sensación de desconcierto, de desierto. Desierto en el cajón de los miedos y aliento en las ganas de comerse el mundo. Un mundo nuevo, que te muestra pequeños detalles, lo esencial.

Esperanza es aire que llena tus pulmones. Aire de plenitud, de paz, de vida. Esperanza es el olor del café en las mañanas y los rayos del sol en la piel. Piel erizada por sentirse amada.

Por sentir la vida en cada caricia o abrazo. Abrazo de brazos con calor de hogar, brazos amistosos o amorosos, comprensivos y, algunos divertidos, que sacan sonrisas, que se dan sin prisa. Porque Esperanza es no vivir deprisa, es disfrutar del segundo.

Esperanza es entender, aceptar para aprender, para llenarse de sabiduría, sabiduría que te hace crecer.

Crecer como árbol de raíces fuertes, de ramas pacientes en las que germinan los sueños, los propósitos, los deseos y las acciones. Acciones de saber, saber que hay Esperanza, porque Esperanza ya posees. Pues, Esperanza es Vida. Vida que tienes y te tiene.

La Fundación Vencer el Cáncer quiere agradecer a todos aquellos que han participado en este certamen su colaboración. Y os animamos a que participéis en el del año próximo.

Solo con vuestra ayuda podemos apoyar la investigación que llevan a cabo nuestros científicos.

Hay batallas que se pueden ganar si todos luchamos juntos.
¡Con tu ayuda podemos vencer el cáncer!